Erich Fromm

Die Antwort der Liebe

Die Kunst des richtigen Lebens

Herausgegeben von Rainer Funk

W0408838

HERDER

FREIBURG · BASEL · WIEN

Gedruckt auf umweltfreundlichem, chlorfrei gebleichtem Papier

Originalausgabe

Alle Rechte vorbehalten – Printed in Germany
© 2003 by the Estate of Erich Fromm
Verlag Herder Freiburg im Breisgau 2003
www.herder.de
Herstellung: fgb · freiburger graphische betriebe 2004
www.fgb.de
Umschlaggestaltung und Konzeption:
R·M·E München / Roland Eschlbeck, Liana Tuchel
Umschlagfoto: © Ifa-Bilderteam
Autorenfoto: © Deutsche Verlags-Anstalt 1974
ISBN 3-451-05366-7

Inhalt

Einleitung: „Das Leben selbst ist eine Kunst“

von Rainer Funk

Lange bevor wir alle – zum Teil schmerzlich, zum Teil befreiend – erkannten, dass das Leben nichts Vorprogrammiertes und einfach zu Erfüllendes ist, sondern eine Kunst, die mit Können zu tun hat und die einem nicht einfach in den Schoß fällt, schrieb Erich Fromm: „*Das Leben selbst ist eine Kunst* – in Wirklichkeit die wichtigste und zugleich schwierigste und vielfältigste Kunst, die der Mensch ausüben kann. Ihr Gegenstand ist nicht diese oder jene spezielle Verrichtung, sondern die ‚Verrichtung‘ des Lebens selbst, der Entwicklungsprozess auf das hin, was der Mensch potentiell ist.“ (E. Fromm, 1947a, GA II, S. 16.)

Das Zitat, vor über einem halben Jahrhundert formuliert, zeigt zum einen, wie sehr Erich Fromm Fragen bereits erspürte und aufgriff, lange bevor sie zu allgemeinem Bewusstsein kamen und auch lange bevor „Lebenskunst“ und „Kunst des Lebens“ marktgängig wurden. Das Zitat macht zum anderen aber auch deutlich, dass er mit der „Kunst des Lebens“ etwas anderes im Sinn hatte, als die Bücher, Kurse und Ratgeber zur Lebenskunst anbieten, die heute begierig zu eigen gemacht werden, weil sie dem Menschen helfen sollen, sein Leben neu und anders zu entwerfen, zu gestalten und zu vollziehen.

Das *populäre* Verständnis von Lebenskunst geht davon aus, dass gekonntes Leben erfolgreiches Leben ist und dass sich der Erfolg daran messen lässt, wie gut man sich fühlt und wie gut man sich verkaufen kann, das heißt seine Marktchancen erkennt und nützt. Das *Marketing* bestimmt nicht nur die Wirtschaft, sondern definiert auch das Selbsterleben und das Bezogensein auf andere sowie den Gegenstand der Lebenskunst: Nur wer sich selbst gut, kompetent und selbstbewusst erlebt, ist ein „Könner" und verkauft sich erfolgreich. Dementsprechend hat Lebenskunst im Blick auf das Selbsterleben viel mit Wohlfühlen, Wellness, schönem Leben, positivem Denken, Fühlen und Körpererleben, Outfit und Selbstbehauptung zu tun. Im Blick auf die Beziehung zu anderen geht es der marketing-orientierten Lebenskunst vor allem um Strategien, wie man beim anderen gut ankommen kann. „Könner" des Lebens sind jene, die ihrem Gegenüber freundlich, interessiert, fragend, Komplimente machend, gute Stimmung verbreitend, lächelnd, fürsorglich, einfühlend, verständnisvoll, bedürfnisbefriedigend begegnen und deshalb gern gesehene, gehörte, gefühlte und berührte Menschen sind.

In den letzten Jahren hat sich noch ein anderes, das *postmoderne* Verständnis von Lebenskunst im öffentlichen Bewusstsein verankert. Dieses setzt am Verlust sämtlicher Orientierungen an, die bisher als Traditionen, Autoritäten, gesicherte Erkenntnisse oder überbrachte Erfahrungen die Kunst des Lebens inhaltlich bestimmten. Aus der Not des Verlusts macht die postmoderne Kunst des Lebens eine Tugend: Endlich ist der Mensch von sämtlichen Vorgaben befreit und kann sein Leben ungebunden, frei, spontan, selbstbestimmt inszenieren. Es gibt nichts, was ihn bei der Konstruktion seines Lebens einschränken müsste. Alles ist möglich, alles geht und alles ist ethisch. Die wichtigste Antriebskraft für die Lebenskunst ist nicht das Marketing und der Wunsch, gut ankommen zu wollen, sondern die *Lust am selbstbestimmten Inszenieren.* Die Kennzeichnung „selbstbestimmt" wird dabei ganz individuell und subjektivistisch gefasst und hat kaum noch etwas mit der Autonomie des Menschen (Selbstsetzung des Menschen als Menschen) zu tun, die das Kennzeichen von Neuzeit und Moderne war.

Das Credo der postmodernen Kunst des Lebens lautet: „Lass Dir von niemandem sagen, wer Du bist. Du bist der, der Du bist." Der postmoderne Inszenierer ist in jeder Situation ein anderer, aber in jeder Situation ist er ganz er selbst. Nur in der selbstbestimmten Inszenierung lässt sich das Authentische postmodern sichern und erleben. Authentisch ist der selbstbewusste Mann und die selbstbewusste Frau, die denken, fühlen und tun, was ihm und ihr gefällt und deshalb ihm und ihr voll und ganz entspricht. Keiner hat das Recht zu sagen, was gut oder böse, richtig oder falsch, gesund oder krank, echt oder falsch, realitätsgerecht oder illusionär ist. Was zählt, ist allein die selbstbestimmte Inszenierung – dass Du Du selbst bist.

Wenn Erich Fromm vom Leben als einer Kunst spricht, meint er tatsächlich etwas anderes, als die marketing-orientierte und die postmodern-inszenierende Lebenskunst anbieten. Der Unterschied sticht sofort bei der Gegenstandsbestimmung der Kunst des Lebens ins Auge, die er im einleitenden Zitat gibt: „Ihr Gegenstand ist nicht diese oder jene spezielle Verrichtung, sondern die ‚Verrichtung' des Lebens selbst, der Entwicklungsprozess auf das hin, was der Mensch potentiell ist." Da gibt es also doch etwas im Menschen, was die Kunst des Lebens bestimmt – etwas, das als Potenzial vorgegeben und aufgegeben ist, so dass man nicht davon ausgehen kann, dass der Mensch ein unbeschriebenes Blatt ist, auf das jeder schreiben könnte, was er will.

Ist Fromm ein Träumer, ein unverbesserlicher Ewig-Gestriger, ein Romantiker, ein „Gutmensch“, wenn er noch immer davon spricht, dass es im Menschen selbst ein Potenzial gibt, auf das hin der Mensch sich in der Kunst des Lebens entwickeln soll? Was ist dieses Potenzial? Welche Potenzen, Eigenkräfte hat der Mensch, die da zur Entwicklung kommen sollen?

Die Antworten, die Erich Fromm in den nachfolgenden Texten gibt, sind weder naiv noch einfach zu verstehen noch mühelos bei der Kunst des Lebens anzuwenden. Zweifellos aber sind sie anders als die zuvor skizzierten Verständnisse von Kunst des Lebens. Seine Antworten orientieren sich an zwei Leitfragen, nämlich an der Frage: *Lieben wir wirklich noch das Leben?*, und an der Frage: *Wer ist der Mensch?* Mit der ersten Frage macht er deutlich, dass ihre Beantwortung nicht mehr selbstverständlich ist angesichts einer immer stärker um sich greifenden Faszination der Gewalt. Dies gilt umso mehr, wenn wir, wie etwa der selbstmörderische Terrorismus zeigt, mit einer Gewalt konfrontiert sind, die stärker als der Überlebenstrieb ist. Auch diese „nekrophile“ Gewalt ist eine Möglichkeit des Menschen. Sie kann nur vermieden und überwunden werden, wenn die „Biophilie“, die Liebe zum Lebendigen, als Potenzial zur Entwicklung kommt. Eine solche Liebe lässt sich nicht kaufen oder inszenieren; ihre Entwicklung hängt davon ab, dass sie praktiziert wird. Ob und dass sie praktiziert wird, entscheidet sich aber ganz wesentlich damit, dass sie gewollt wird und also in die Selbstbestimmung des Menschen Eingang finden muss.

Mit der zweiten Leitfrage: *Wer ist der Mensch?*, versucht der Psychoanalytiker und Sozialpsychologe Fromm die

Möglichkeiten und Grenzen der Definition des Menschseins als Voraussetzung für die Kunst des Lebens auszuloten. Gegen den heute allgegenwärtigen Versuch, den Menschen wie eine Maschine und als ein roboterähnliches oder automatenhaftes Ding zu begreifen (dem man dann ohne großen Aufwand die Kunst des Lebens beibringen kann, denn man muss nur mit Hilfe von einigen Trainings und Suggestionen sozusagen die Software auswechseln oder updaten!), besteht er darauf, dass der Mensch eben *kein* Ding ist. Will man ihn kennen lernen und wissen, wer er ist, dann ist eine Antwort nur über eine Beziehungsaufnahme möglich.

Antworten auf die Frage, wer der Mensch ist, bekommt man nur, wenn man mit sich selbst, mit dem gesamten Spektrum seiner körperlichen, seelischen und geistig-spirituellen Erfahrungsmöglichkeiten in Kontakt ist und wenn man lernt und bemüht ist, auf den anderen in seinem Anderssein bezogen zu sein. Um den Unterschied zwischen einer dinghaften Antwort und einer Antwort, die aus einer Beziehungsaufnahme resultiert, zu illustrieren, schlägt Erich Fromm vor, sich selbst oder einen anderen Menschen nicht danach zu fragen: „Wie geht es mir?“ oder „Wie geht es Ihnen?“, sondern zu fragen: „Wer bin ich?“ oder „Wer sind Sie?“ Eine Antwort darauf zu geben, wer ich wirklich bin, setzt voraus, dass ich mit mir in Kontakt bin, und zwar auch mit jenen Aspekten und Gefühlen, in denen sich etwas Schwieriges, Unangenehmes, Verzweifeltes oder Depressives von mir zeigt.

Auf sich selbst und auf andere in ihrem Anderssein bezogen zu sein, ist eine lebenslange Aufgabe, der man nicht ungestraft aus dem Wege gehen kann. Aber selbst der Versuch, durch Bezogensein erkennen zu wollen, wer der

Mensch ist, kommt nach Erich Fromm an eine Grenze. Die Psychologie kann uns letztlich nur zeigen, was der Mensch *nicht* ist. Das legitime Ziel der Psychologie ist letztlich ein negatives, nämlich die Beseitigung von Entstellungen und Illusionen, nicht aber ein positives, nämlich die volle und ganze Erkenntnis des Menschseins. Doch, so sagt er in diesem Band, „es gibt noch einen anderen Weg, der zur Erschließung des menschlichen Geheimnisses führt; dieser Weg ist nicht der des Nachdenkens, sondern der der *Liebe.* Liebe ist das aktive Durchdringen eines anderen, bei dem mein Wunsch nach Erkenntnis durch Vereinigung gestillt wird." Spätestens hier wird deutlich, welchen Stellenwert für Erich Fromm die Praxis der Liebe bei der Kunst des Lebens hat.

Dass der Erkenntnisweg der Liebe kein einfacher ist, zeigen die Abschnitte im dritten Teil dieses Bandes, die von Liebe und Hass, von Selbstliebe und Nächstenliebe, Selbstsucht und Selbsthass, von Liebe angesichts der Geschlechterfrage und von Liebe als der Fähigkeit zu einer leidenschaftlichen Bejahung des Lebens handeln.

Wie das Quellenverzeichnis am Ende des Bandes zeigt, entstammen die hier versammelten Texte unterschiedlichen Schaffensperioden von Erich Fromm. Auch wenn hier und da der aktuelle Zeitbezug ihrer Entstehung durchschimmert, so werden sie für viele Leser von bleibender Aktualität sein. Gliederung, Zwischenüberschriften und in [eckige Klammern] gesetzte Texte gehen auf das Konto des Herausgebers. Auslassungen im Text sind durch [...] angezeigt.

I
Lieben wir wirklich noch das Leben?

Lieben wir wirklich noch das Leben? – Für manchen mag diese Frage verwirrend, wenn nicht gar unsinnig klingen. Lieben nicht alle Menschen das Leben? Ist diese Liebe zum Leben nicht der Beweggrund für alles, was wir tun? Könnten wir überhaupt am Leben bleiben, wenn wir nicht das Leben liebten und all die vielen Anstrengungen unternähmen, das Leben zu erhalten und seine Bedingungen zu verbessern? Vielleicht können jene, die so denken, und ich, der ich so frage, uns ohne große Schwierigkeiten gegenseitig verstehen, wenn wir es nur versuchen.

Mit anderen kann es schon schwieriger sein, zu einem gemeinsamen Verständnis zu kommen. Ich denke da vor allem an Menschen, die auf meine Frage mit einer gewissen Empörung reagieren. Entrüstet fragen sie, wie ich es nur wagen kann, daran zu zweifeln, dass wir das Leben lieben. Wurzeln nicht unsere gesamte Zivilisation, unsere Art zu leben, unsere religiösen Gefühle, unsere politischen Vorstellungen in dieser Liebe zum Leben? Rüttelt nicht der, der dies in Frage stellt, an den Fundamenten unserer Kultur? Es ist viel schwieriger, mit dem, der sich entrüstet, zu einem Einverständnis zu kommen, denn Entrüstung ist ihrem Wesen nach immer eine Mischung aus Ärger und Selbstgerechtigkeit, die jedes Verstehen erschwert. Ein Mensch, der sich ärgert, ist leichter mit vernünftigen und freundlichen

Worten erreichbar als einer, der sich entrüstet. Dieser versucht nämlich seinen Ärger dadurch zu verdecken, dass er von seiner eigenen Rechtschaffenheit überzeugt ist. Vielleicht sind einige, die auf die Eingangsfrage mit Entrüstung reagieren, eher bereit, sich auf sie einzulassen, wenn sie spüren, dass ich mit dieser Frage niemanden angreife, sondern auf eine Gefahr hinweisen will, die nur dadurch überwunden werden kann, dass man sich ihr stellt.

Zweifellos könnten kein Mensch und keine Kultur ohne ein bestimmtes Minimum an Liebe zum Leben existieren. Wir beobachten, dass Menschen, die dieses Minimum an Lebensliebe verloren haben, verrückt werden, sich das Leben nehmen, zu hoffnungslosen Alkoholikern oder Drogenabhängigen werden. Wir kennen auch ganze Gesellschaften, die so bar jeder Liebe zum Leben und so voller Destruktivität wurden, dass sie zerfielen und untergingen beziehungsweise fast untergingen. Ein Beispiel sind die Azteken, deren Macht vor einer kleinen Gruppe von Spaniern wie Staub zerfiel. Oder man denke an das Nazi-Deutschland, das einem Massensuizid zum Opfer gefallen wäre, wenn es nach dem Willen Hitlers gegangen wäre. Wir in der westlichen Welt sind bisher noch nicht am Zerfallen, doch es gibt Anzeichen dafür, dass es dazu kommen kann.

Über die Liebe zum Leben

Um über die Liebe zum Leben zu sprechen, müssen wir uns zuerst darüber verständigen, was wir unter Leben verstehen. Es hat den Anschein, als wäre dies leicht. So lässt sich sagen, Leben sei das Gegenteil von Tod. Ein lebendiger Mensch oder ein lebendiges Tier können sich selbst bewegen und auf Reize reagieren. Ein toter Organismus kann solches nicht, ja, er zerfällt und hat nicht einmal wie ein Stück Holz oder ein Stein Bestand. Sicherlich ist es grundsätzlich möglich, Leben so zu definieren. Ich möchte jedoch das Besondere von Leben ein wenig genauer bestimmen: Leben hat immer die Tendenz, zu vereinen und zur Ganzheit zu kommen. Anders formuliert heißt dies, Leben ist notwendigerweise ein Prozess ständigen Wachstums und Wandels. Hören Wachstum und Veränderung auf, tritt der Tod ein. Leben wächst aber nicht wild und unstrukturiert; jedem Lebewesen ist eine eigene Form und Struktur zu eigen, die in seinen Chromosomen eingepflanzt ist. Es kann vollständiger und vollkommener wachsen, aber es kann nicht zu etwas heranwachsen, was in ihm nicht angelegt ist.

Leben ist immer ein Prozess – ein Prozess von Veränderung und Entfaltung und auch ein Prozess ständiger Interaktion zwischen der gegebenen Struktur und der Umwelt, in die etwas hineingeboren wird. Aus einem Apfelbaum kann nie ein Kirschbaum werden, doch Apfel- oder Kirschbaum können mehr oder weniger schöne Bäume werden, je nach der konstitutionellen Ausstattung und den Umweltbedingungen, in denen sie wachsen. Feuchtigkeit und Sonneneinstrahlung, die sich für die eine Pflanze segensreich auswirken, können für eine andere zum Verderben werden. Nicht anders ist es beim Menschen; leider nur wissen die meisten Eltern und Lehrer über das, was für den Menschen gut ist, weit weniger, als ein Gärtner über seine Pflanzen weiß.

Die Behauptung, das Leben entfalte sich nicht wild und unvorhersagbar, sondern nach vorgegebenen strukturellen Mustern, bedeutet nun aber gerade nicht – außer in einem ganz weiten Sinne –, dass die ganz besonderen Aspekte eines Lebewesens voraussagbar wären. Dies ist eine der großen Paradoxien alles Lebendigen: Es ist vorhersagbar, und doch auch wieder nicht. Hinsichtlich der großen Linien wissen wir mehr oder weniger genau, was aus einem Lebewesen werden soll. Das Leben ist jedoch voller Überraschungen. Im Vergleich mit der Ordnung, die es im nichtlebendigen Bereich gibt, ist das, was lebt, „unordentlich". Wer ganz von der Erwartung einer Ordnung bestimmt ist (wobei „Ordnung" wohlgemerkt immer nur eine Kategorie des eigenen Geistes ist), so dass er eine Ordnung in allen Lebewesen erwartet, wird enttäuscht sein. Ist sein Verlangen nach Ordnung besonders intensiv, dann wird er gar versuchen, dem Leben eine Ordnung aufzuzwingen, um es besser beherrschen zu können. Stellt sich dann heraus, dass sich das Leben seiner Kontrolle nicht unterwirft, kann es zu einer solchen Enttäuschung und Wut kommen, dass er schließlich versucht, das Leben zu ersticken und zu töten. Er ist zu einem Lebenshasser geworden, weil er sich nicht von dem Zwang befreien konnte, es unter seine Kontrolle zu bekommen. Er scheiterte in seiner Liebe zum Leben, denn – wie ein französisches Lied sagt – „die Liebe ist ein Kind der Freiheit".

Das Gesagte gilt nicht nur hinsichtlich unserer Einstellung gegenüber dem Leben anderer, sondern auch gegenüber dem Leben in uns selbst. Wir alle kennen Menschen, denen es nie gelingt, spontan zu sein und sich frei zu fühlen, weil sie darauf bestehen müssen, ihre Gefühle, Gedanken und Handlungen zu kontrollieren. Sie können nichts tun, es sei denn, sie haben sich der Folgen ihres Tuns versichert. Immer sind sie von Zweifeln geplagt, suchen krampfhaft nach Sicherheit und werden von noch mehr Zweifeln geplagt, wenn sie diese Sicherheit nicht erlangen können.

Menschen, die unter einem solchen zwanghaften Kontrollbedürfnis leiden, können freundlich oder grausam sein – immer aber muss eine Bedingung erfüllt sein: Der Gegenstand ihres Interesses muss kontrollierbar sein. Übersteigt das Kontrollbedürfnis ein bestimmtes Maß, spricht man davon, dass jemand an einer Zwangsneurose und erheblichem Sadismus leidet. Solche Kennzeichnungen sind hilfreich, wenn es um die Klassifizierung von psychischen Erkrankungen geht. Bei einer etwas anderen Betrachtungsweise könnte man auch davon sprechen, dass jemand an seiner Unfähigkeit leidet, das Leben zu lieben, und dass er Angst vor dem Leben hat, weil er sich vor allem fürchtet, was er nicht kontrollieren kann.

Es gibt einen Grundsatz, der für jede Art von Liebe zutrifft, ob es sich um die Liebe zum Leben oder um die Liebe zu einem anderen Menschen, einem Tier, einer Blume handelt: Ich kann nur lieben, wenn meine Liebe adäquat ist und den Bedürfnissen und der Natur des Geliebten entspricht. Benötigt eine Pflanze nur wenig Wasser, dann drückt sich meine Liebe zur Pflanze darin aus, dass ich ihr nur so viel Wasser gebe, wie sie braucht. Habe ich aber vorgefasste Meinungen darüber, „was für eine Pflanze gut ist", etwa die, dass möglichst viel Wasser für alles gut ist, dann werde ich der Pflanze schaden und sie umbringen, weil ich nicht fähig bin, sie in der Weise zu lieben, wie sie geliebt werden muss. Es reicht also nicht aus, einfach nur zu lieben und einem anderen Lebewesen „das Beste zu wünschen". Solange ich nicht weiß, was eine Pflanze, ein Tier, ein Kind, ein Mann, eine Frau brauchen und solange ich nicht von meiner Vorstellung, was für den anderen das Beste ist, und von meinem Wunsch, ihn zu kontrollieren, ablassen kann, ist meine Liebe destruktiv – ein Kuss des Todes.

Viele Menschen können nicht verstehen, warum es ihnen, obwohl sie den anderen heftig oder gar leidenschaftlich lieben, nicht gelingt, seine oder ihre Liebe zu erhalten, beziehungsweise ihn oder sie damit sogar forttreiben. Sie beklagen sich über die Grausamkeit ihres Schicksals und können es einfach nicht verstehen, warum sie mit ihrer Liebe im anderen keine Gegenliebe wecken. Gelingt es ihnen, damit aufzuhören, sich selbst zu bemitleiden und das Leben anzuklagen, könnte ihnen dies helfen und vielleicht sogar den tragischen Gang der Ereignisse verändern, vorausgesetzt, sie fragen sich, ob ihre Liebe den Bedürfnissen der geliebten Person entspricht oder ob sie die Folge ihrer eigenen festgefahrenen Vorstellungen über das ist, was ihrer Meinung nach für den anderen das Beste ist. Es ist nur ein kleiner Schritt vom Kontrollieren zur Gewaltanwendung. Was für die Kontrolle des Lebens gilt, trifft auch auf die Gewaltanwendung zu: Liebe und Gewalt sind unversöhnliche Widersprüche.

Die Faszination der Gewalt

Vermutlich gibt es im menschlichen Verhalten keine größere Polarität als die zwischen Liebe und Gewalt. Beide sind tief in unserer Natur verwurzelt. Beide sind grundsätzliche Möglichkeiten, mit der Wirklichkeit umzugehen und sie zu bewältigen. Wenn ich hier von Gewalt spreche, dann sollte man nicht gleich an Gewalttätigkeit, Aggression, Überfall, Krieg denken; dies alles sind heftige Ausdrucksformen von Gewalt, doch sie sind nicht das gleiche wie das Prinzip der Gewalt. Für die meisten Menschen ist das Prinzip der Gewalt etwas so Natürliches und Selbstverständliches, dass sie gar nichts Besonderes dabei finden. Doch Gewalt als Prinzip ist gerade kein Teil unserer „menschlichen Natur".

Viele halten das Gewaltprinzip für die angemessenste und einfachste Lösung eines Problems. Weigert sich ein Kind, das zu tun, was getan werden muss, dann ist für die Mutter die beste und schnellste Lösung, das Kind mit Gewalt dazu zu zwingen. Die Mutter hat die Macht, das Kind muss nachgeben. Warum sollte sie ihre Macht nicht nutzen? Es gibt natürlich viele Arten, Gewalt anzuwenden – freundlichere und weniger angenehme. Man kann das Kind zu überreden versuchen, ohne dabei gleich Gewalt anzudrohen, die man sich als letzten Ausweg in Reserve hält. Man kann aber auch sofort drohen. Man kann Gewalt maßvoll anwenden und nur so viel davon, wie es zur Durchsetzung des Ziels erforderlich ist. Wer sadistische Neigungen hat, wird sofort gewalttätig sein, und zwar weit stärker, als es die Situation erfordert.

Gewalt bedeutet nicht notwendig körperliche Bedrohung; sie kann auch psychologischer Art sein, indem man sich die Beeinflussbarkeit oder Unwissenheit eines Kindes zunutze macht, um es zu täuschen, es anzulügen oder zu manipulieren. Gewalt zeigt Wirkung nicht nur auf ein bestimmtes Ziel hin, sondern stellt auch für den, der sie ausübt, eine große Befriedigung dar, vorausgesetzt, das Gegenüber kann sich nicht wirklich zur Wehr setzen. Gewalt legitimiert sich durch ihre Stärke, ihre Überlegenheit und Mächtigkeit. Doch wie trügerisch ist diese Legitimation! In Wirklichkeit ist ein solcher Mensch nur deshalb überlegen, weil er größer und stärker als das Kind ist. Steht ihm ein Mann mit einer Pistole gegenüber, dann wäre er, der Starke, wie ein Kind.

Diese Einstellung Kindern gegenüber ist nur eine mögliche Manifestation von Gewalt. Im persönlichen wie im gesellschaftlichen Leben Erwachsener gibt es sie in gleichem Maße, ja noch häufiger, denn Gefühle von Zärtlichkeit, die die meisten von uns Kindern gegenüber empfinden und die unsere Einstellung mäßigen könnten, sind gegenüber Gleichaltrigen oder gar gegenüber Fremden weniger wahrscheinlich. In den meisten zwischenmenschlichen Beziehungen sind es die Gesetze, die die Ausübung von Gewalt verhindern. Es gibt viele Beispiele dafür, dass Gesetze jemanden in der Anwendung von Gewalt, mit der er einen anderen Menschen dazu bringen will, nach seinem Willen zu handeln, einschränken. Und doch bieten die Gesetze nur ein Minimum an Schutz vor Gewalt. In den meisten persönlichen Beziehungen können sie Gewalt nicht wirksam verhindern. Der Vater wendet Gewalt an, wenn er seinem heranwachsenden Sohn seine Einwilligung zu dem von ihm favorisierten Beruf verweigert; die Mutter, die unter Tränen an die Großherzigkeit ihres Sohnes appelliert, um ihn davon abzubringen, die Frau seiner Wahl zu heiraten, übt Gewalt aus. Der Unternehmer, der mit der Kündigung droht, der Lehrer, der seine Schüler zur Übernahme seiner Ansichten zwingt und ihnen schlechte Noten gibt, wenn sie dazu nicht bereit sind – sie alle wenden Gewalt an, ob sie sich dessen bewusst sind oder nicht.

Die Beziehungen zwischen einzelnen Staaten sind nicht durch ein internationales Gesetz, das Gewaltanwendung einschränkt, geregelt. Das von allen Nationen in Anspruch genommene Prinzip der Souveränität erlaubt es dem Staat, seine Interessen mit allen ihm geeignet erscheinenden Mitteln durchzusetzen. Zu diesen gehören natürlich, sogar entscheidend, die militärische und die wirtschaftliche Macht.

Wir reden uns gerne ein, dass unsere Gewaltanwendung nur zur Verteidigung diene, gleichzeitig stören wir uns aber nicht daran, dass wir sogar Tod und Zerstörung uneingeschränkt hinnehmen, wenn wir dadurch unsere Ziele erreichen. Wir sind so unsensibel geworden, dass wir unser Frühstück genießen können, während wir in der Zeitung lesen, wie viele Männer, Frauen und Kinder getötet oder zu Krüppeln gemacht wurden.

Natürlich ist die Anwendung von Gewalt nur so lange vernünftig, solange man stärker ist als sein Gegner. Es erscheint nur logisch, wenn man deshalb versucht, sein Gewaltpotential zu erhöhen und alles zu tun, um zu verhindern, dass jemand anderer gleichzieht. Noch eindrücklicher als im persönlichen Leben zeigt sich in der Geschichte, dass alle Bemühungen, durch den Gebrauch von Gewalt die Überlegenheit dauerhaft zu sichern, unweigerlich fehlschlagen. Was im Siegesrausch so aussieht, als stelle es die Grundlage für eine jahrhundertelange unveränderbare Stabilität dar, die ihren Grund in überlegener Gewalt hat, zerfällt unweigerlich nach wenigen Jahrzehnten angesichts neuer Gewalt oder innerer Schwäche. Hitlers Tausendjähriges Reich, das nur zwölf Jahre dauerte, ist ein Musterbeispiel für Triumphe, die sich in erster Linie auf Gewalt gründen.

Selbst wenn Gewalt den Anschein hat, die gewünschten Ergebnisse zu erzielen, so hat sie wie eine Droge gefährliche Nebenwirkungen. Auf nationaler Ebene hinterlässt sie bei den Besiegten einen leidenschaftlichen Wunsch nach Rache und gibt ihnen gleichzeitig die moralische Rechtfertigung, sich ebenfalls der Gewalt zu bedienen, sobald es die Umstände erlauben. Ebenso gefährliche Nebenwirkungen hat Gewalt bei den Menschen, die sich ihrer bedienen. Wer Gewalt ausübt, verwechselt schon bald die Stärke seiner Gewaltmittel (seinen Reichtum, seine Position, sein Prestige, seine Panzer und Bomben) mit der Stärke seiner eigenen Person. In Wirklichkeit versucht er erst gar nicht, sich selbst stärker zu machen: seinen Geist, seine Liebe, seine Lebendigkeit. Vielmehr investiert er alle seine Energie in den Versuch, seine Mittel stärker zu machen. Er selbst wird schwächer, während seine Gewaltkapazität wächst. Ab einem bestimmten Punkt gibt es kein Zurück mehr. Er kann nichts mehr anderes tun, als mit der Wirklichkeit auf gewaltsame Weise umzugehen und alles auf den Erfolg seiner Methode zu setzen. Er ist weniger lebendig geworden, weniger interessiert und interessant; er wird mehr gefürchtet und natürlich auch von vielen mehr bewundert.

Der Weg der Liebe ist dem Weg der Gewaltausübung entgegengesetzt. Liebe versucht zu verstehen, zu überzeugen, zu beleben. Aus diesem Grund verwandelt sich der Liebende ständig selbst. Er spürt mehr, beobachtet mehr, ist produktiver, ist mehr er selbst. Liebe bedeutet weder Sentimentalität noch Schwäche. Sie ist vielmehr eine Methode, etwas zu beeinflussen und zu verändern, ohne dass es zu den gefährlichen Nebenwirkungen wie bei der Gewaltanwendung kommt. Anders als bei der Gewalt, setzt Liebe Geduld, innere Anstrengung und vor allem Mut voraus. Wer sich entschließt, ein Problem mit Liebe zu lösen, braucht den Mut, Enttäuschung auszuhalten und trotz Rückschlägen geduldig zu bleiben. Er braucht den Glauben an seine eigene Stärke statt den Glauben an deren Perversion: die Gewalt.

Bisher habe ich von nichts geschrieben, was nicht jeder bereits wüsste. Dennoch ist es sinnvoll, diese Dinge niederzuschreiben. Denn wir wissen um sie, und doch auch wieder nicht. Mit meinen Ausführungen über Gewalt und Liebe als den zwei grundsätzlichen Einstellungen zum Leben will ich vor allem dazu anregen, sich dessen, was wir wissen und was uns dennoch nicht bewusst ist, bewusst zu werden. Es gilt, unsere Reaktionen auf unser Kind, einen Hund, einen Nachbarn, einen Verkäufer, einen politischen Widersacher oder gar einen politischen Feind zu beobachten; es gilt zu erkennen, wie sich unser Körper verkrampft, sobald unser Wollen enttäuscht wird, wie wir sofort nach Mitteln der Gewalt Ausschau halten, wie wir uns niedergeschlagen erleben, wenn wir keine Gewaltmittel finden können oder keine zur Verfügung haben. Wie oft fühlen wir uns wie die Königin in Alice im Wunderland: „Kopf ab!"

Manchmal muss man sehr genau hinschauen und erst lernen, auf Reaktionen zu hören, derer wir uns kaum bewusst sind, wenn man die Neigung zu einer gewaltsamen Kurzschlusshandlung erkennen will. Dann gilt es, den Versuch zu machen, sich eines Besseren zu besinnen und auf die Bereitschaft zur Gewalt zu verzichten und stattdessen lebendig und geduldig zu sein. Statt immer nur danach zu fragen, was es einem bringt, sollte man sich mehr und mehr mit dem Prozess selbst befassen und beobachten, wie man sich entspannt und wie Verkrampfungen und Ängstlichkeit sich lösen.

Gewaltanwendung ist ein Weg, das Problem des Menschseins zu lösen. Sie ist aber nur für die ein möglicher Weg, die über die nötigen Machtmittel verfügen. Auch wenn die Gewaltanwendung ein möglicher Weg ist, Probleme des Lebens zu lösen, ist sie doch kein befriedigender. Sie macht einen nämlich von den eigenen Machtmitteln abhängig; sie macht einsam und ängstlich. So sehr Gewalt eine mögliche Antwort auf das Leben ist, so sehr ist sie doch eine absurde, und zwar nicht nur wegen der zweifelhaften Eigenart von Macht, sondern in erster Linie deshalb, weil Macht bei dem wichtigsten Problem des menschlichen Lebens, der Unausweichlichkeit des Todes, nichts hilft. Der mächtigste Mensch wird in gleicher Weise wie der ganz machtlose vom Tod besiegt. Dieser Stachel der sicheren Niederlage macht das Gewaltprinzip so lächerlich, auch wenn dies nicht unbedingt bewusst wahrgenommen wird.

Das Leben lieben lernen

Liebe beinhaltet immer ein aktives Interesse am Wachstum und an der Lebendigkeit dessen, was wir lieben. Das kann auch gar nicht anders sein, denn Leben ist ein Prozess des Werdens, des Einswerdens und des Ganzwerdens. Die Liebe zu allem, was lebendig ist, drückt sich in dem leidenschaftlichen Wunsch aus, dieses Wachstum zu fördern. Wie ich bereits gezeigt habe, widersprechen hingegen der Wunsch zu kontrollieren und der Wunsch, Gewalt anzuwenden, der Natur der Liebe und stellen ein Hindernis für ihre Entwicklung und Realisierung dar.

Warum, so mögen manche ungeduldig fragen, ist hier die Rede von der Liebe zum Leben, wo ich doch bisher vor allem von der Liebe zu Menschen oder Tieren oder Pflanzen gesprochen habe? Gibt es überhaupt so etwas wie die „Liebe zum Leben“? Ist diese nicht etwas Abstraktes, während die realen Liebesobjekte einzelne und konkrete Phänomene sind wie zum Beispiel die Menschen? Wenn das Leben seinem Wesen nach ein Wachstumsprozess und ein Prozess des Ganzwerdens ist und nicht mit Mitteln der

Kontrolle und Gewalt geliebt werden kann, dann ist die Liebe zum Leben der Kern jeder Art von Liebe. Liebe ist die Liebe zum Leben in einem Menschen, in einem Tier, in einer Pflanze. Weit davon entfernt, etwas Abstraktes zu sein, ist die Liebe zum Leben der ganz konkrete und wirkliche Kern einer jeden Art von Liebe. Wer immer glaubt, einen anderen Menschen zu lieben, aber nicht das Leben liebt, der mag sehnsüchtig einem anderen Menschen anhängen – doch lieben tut er ihn nicht. Dass dies stimmt, ist uns bekannt, auch wenn wir uns dieses Wissens oft nicht bewusst sind.

Wenn jemand über einen anderen Menschen sagt, dass dieser „wirklich das Leben liebt", dann verstehen die meisten Menschen, was damit gemeint ist. Wir stellen uns dann einen Menschen vor, der alles liebt, was wächst und lebendig ist; wir haben jemanden vor Augen, der vom Wachsen eines Kindes, vom Erwachsenwerden, von einer Idee, die Gestalt annimmt, von einer im Wachsen begriffenen Organisation angezogen wird. Für einen solchen Menschen wird selbst das, was nicht lebendig ist, wie ein Stein oder das Wasser, zu etwas Lebendigem. Das, was lebendig ist, zieht ihn an, und zwar nicht, weil es groß und mächtig ist, sondern weil es lebendig ist. Oft lässt sich der, der das Leben liebt, an seinem Gesichtsausdruck erkennen. Seine Augen und seine Haut strahlen etwas aus; in ihm und um ihn herum leuchtet etwas. Wenn Menschen sich „verlieben", dann lieben sie das Leben. Diese Liebe zum Leben ist der Grund für ihre gegenseitige Anziehung. Ist ihre Liebe zum Leben zu schwach, dann verliert sich das Verliebtsein wieder, und sie können nicht verstehen, warum ihre Gesichter zwar noch die gleichen, aber doch nicht mehr die gleichen sind.

Ist die Liebe zum Leben etwas, das allen Menschen,

wenn auch in unterschiedlichem Ausmaß, zu eigen ist? Es wäre schön, wenn dies so wäre, doch leider gibt es auch Menschen, die nicht das Leben lieben, sondern stattdessen Totes, Zerstörung, Krankheit, Verfall, Desintegration „lieben". Sie werden nicht von Wachstum und Lebendigkeit angezogen, es sei denn aus Abneigung und aus dem Wunsch, beides zu ersticken. Sie hassen das Leben, weil sie sich seiner nicht erfreuen oder keine Kontrolle darüber ausüben können. Sie leiden an der einzigen wirklichen Perversion, die es gibt, nämlich vom Toten angezogen zu werden. Ich habe diese Menschen „nekrophil" genannt, „Liebhaber des Toten" (vgl. E. Fromm, 1964a, GA II), und verdeutlicht, dass die nekrophile Orientierung in ihren ausgeprägten Formen von einem psychiatrischen Standpunkt aus auf eine schwere Geisteskrankheit hinweist.

Wer sich umschaut, wird entdecken, dass er sowohl Liebhaber des Lebens wie Liebhaber des Toten kennt, auch wenn er sich nicht traut, in diesen Kategorien zu denken, denn – oberflächlich betrachtet – ist doch jeder „nett" und „freundlich". Kommt es tatsächlich einmal vor, dass jemand von dem Verlangen getrieben wird, Menschen zu töten, neigen wir dazu, achselzuckend über ihn hinwegzugehen und ihn eben „krank" zu nennen. Er mag krank sein, doch wie können wir selbst sicher sein, dass wir nicht an derselben Krankheit leiden? Was lässt uns sicher sein, dass wir Liebhaber des Lebens und nicht Liebhaber des Toten sind?

Es gibt tatsächlich schwer wiegende Symptome in unserer gegenwärtigen Kultur, die es nahe legen, dass wir bereits von einem insgeheimen Angezogensein von allem Leblosen infiziert sind. Manifestationen hierfür lassen sich genügend beobachten: destruktive Gewalt und Herrschaftsstreben auf internationaler Ebene; Kriminalität und Grausamkeit auf nationaler Ebene; das Ausmaß von Bedrückung und Angst, das sich an der Menge der in unserer Gesellschaft verkauften Psychopharmaka geradezu ablesen lässt; der Drogenmissbrauch, bei dem die echte Liebe zum Leben durch Nervenkitzel und Erregungszustände ersetzt werden soll. Um uns von dem wahren Ausmaß zu überzeugen, bedarf es keiner Statistiken. Jeder von uns zeigt die Symptome mehr oder weniger deutlich. Wer von uns braucht nicht erst einen Drink, bevor er sich in einer Gesellschaft wohlfühlt? Befleißigen wir uns nicht einer künstlichen Fröhlichkeit und Besorgtheit, wenn dies der Anlass zu verlangen scheint? Immer mehr neigen wir dazu, zu denken statt zu fühlen, was einem Anlass (einer Hochzeit, einem Begräbnis, dem Gemälde eines gefeierten Künstlers) angemessen ist. Die Sexualität hat immer mehr nur noch die Bedeutung, „Intimität“ und Erregung zu schaffen, ohne dass wir etwas für den anderen Menschen spüren außer eben dieses Verlangen.

Ein weiteres Indiz für die Angst und den Druck, dem wir ausgesetzt sind, ist das zwanghafte Rauchen. Jeder, der einmal versucht hat, mit dem Rauchen aufzuhören, weiß, dass die Versuchung, zur Zigarette zu greifen, dann am größten ist, wenn man mit anderen zusammentreffen soll beziehungsweise in Situationen, die mit Angst und Anspannung verbunden sind. Auch die folgende Beobachtung kann jeder machen: Wer versucht, sich nur still hinzusetzen, nichts zu tun, die Augen zu schließen und an nichts zu denken, spürt eine Unruhe, muss an tausend Dinge denken und wartet nur noch auf das Ende des Experiments.

In begrenztem Maße sind dieser Druck und die Angst persönliche Probleme und haben die Symptome individuelle Gründe. Zu einem größeren Teil aber resultieren sie aus der Art und Weise, wie wir Menschen des Industriezeitalters leben. Dafür ist vor allem kennzeichnend, dass wir uns mehr für das Ergebnis als für den Prozess, der dazu führt, interessieren. Im Bereich der industriellen Produktion aber sind es die Maschinen und Apparate, die Ergebnisse zeitigen. Das führte so weit, dass wir uns selbst auch als Maschinen verstehen, schnell zu einem Ergebnis kommen möchten und nach Apparaten Ausschau halten, die den gewünschten Effekt bewerkstelligen können.

Wir sind aber keine Maschinen! Das Leben ist nicht Mittel zum Zweck, sondern Selbstzweck. Der Prozess des Lebens, das heißt, sich zu ändern, zu wachsen, sich zu entwickeln, bewusster und wacher zu werden, ist wichtiger als jede mechanische Ausführung oder Errungenschaft, wenn wir – und dies ist eine sehr wichtige Qualifizierung – das Leben lieben. Gibt jemand auf die Frage, warum er einen anderen Menschen liebt, die Antwort, dass dieser erfolgreich, berühmt, reich ist, dann wird sich der Betreffende bei dieser Antwort vermutlich ein wenig unbehaglich fühlen, weil er weiß, dass all dies nicht wirklich etwas mit Liebe zu tun hat. Sagt jemand jedoch, dass er den anderen liebe, weil er oder sie so lebendig ist, dass er sein Lächeln, seine Stimme, seine Hände, seine Augen liebe, weil von diesen so viel Lebendigkeit ausgehe, dann gibt der Betreffende wirklich einen Grund an. Das gleiche gilt in Bezug auf die eigene Person. Jemand ist interessant, weil er interessiert ist, und jemand wird geliebt, weil er lieben kann und weil er in sich selbst und im anderen Menschen das Leben liebt.

Eine solche das Leben liebende Einstellung ist freilich nur schwer in Erfahrung zu bringen in einer Kultur, für die Ergebnisse wichtiger sind als der Prozess, für die die Dinge wichtiger sind als das Leben, die die Mittel zu Zwecken macht und die uns anhält, unseren Verstand zu gebrauchen, wenn unser Herz gefragt ist. Einen anderen Menschen zu lieben und das Leben zu lieben lässt sich nicht durch Akkordarbeit erreichen. Beim Sex funktioniert das; bei der Liebe jedoch nicht. Ohne eine Lust an der Stille gibt es keine Liebe. Sie ist eine Fähigkeit, sich am Sein zu erfreuen, anstatt am Tun, am Haben oder am Gebrauchen.

Ein weiterer Grund, warum es so schwierig ist, das Leben zu lieben, ist unser wachsender, nie gestillter Appetit auf Dinge. Zweifellos können und sollen die Dinge dem Menschen dienen. Werden sie jedoch um ihrer selbst willen gesucht, statt dass sie Hilfsmittel bleiben, dann zeigen sie die Tendenz, das Interesse des Menschen am Leben und seine Liebe zum Leben zu unterminieren und den Menschen zu einem Anhängsel der Maschine, also zu einem Ding zu machen. Dinge können alles Mögliche hervorbringen, doch sie können nicht lieben, weder einen Menschen noch das Leben. Als Verbrauchern wird uns in einem fort glauben gemacht, dass unsere Freude nur dann vollkommen ist, wenn wir uns auch etwas kaufen. Was noch vor wenigen Generationen selbstverständlich war, wissen wir nicht mehr: dass man zu den allerschönsten Freuden des Lebens keinerlei Apparate braucht. Vielmehr setzen sie die Fähigkeit voraus, stille zu sein, „sich auf etwas einlassen" zu können und sich zu konzentrieren.

Zum Mond zu reisen erregt die Phantasie von Millionen von Menschen und ist für die meisten faszinierender, als sich ganz und gar der Betrachtung eines Menschen, einer Blume, eines Flusses oder der eigenen Person hinzugeben. Zweifellos ist die Mondfahrt faszinierend, denn es geht bei ihr um Intelligenz, Ausdauer, Mut, Kühnheit; aber es geht nicht um Liebe. Die Mondfahrt symbolisiert deshalb das Leben mit mechanischen Apparaten, die Bewunderung für sie und ihren Gebrauch. Diese Welt der vom Menschen gemachten Dinge ist unser ganzer Stolz und zugleich unsere Gefährdung. Je mehr der dinghafte Aspekt der Wirklichkeit in den Vordergrund tritt, desto mehr interessieren wir uns für die Handhabung dieser Dinge. Je weniger wir die Eigenart des Lebens erfahren, desto weniger können wir das Leben lieben. Wir haben tatsächlich allen Grund anzunehmen, dass wir die technischen Wunder, die das Leben zerstören können, mehr mögen als das Leben selbst. Könnte es nicht sein, dass wir Menschen der industrialisierten Welt darum zu keiner wirksamen atomaren Abrüstung fähig sind, weil für uns das Leben viel von seiner Attraktivität verloren hat und stattdessen die Dinge zum Gegenstand unserer Bewunderung geworden sind?

Ein weiteres Hindernis, das Leben zu lieben, ist in der wachsenden Bürokratisierung unseres Tuns zu sehen. Auch wenn man ihr freundlicher klingende Namen wie „Teamwork" oder „Gruppengeist" usw. gibt, bleibt im Kern dennoch die Tatsache, dass wir zum Zwecke maximaler Wirtschaftlichkeit dazu neigen, den Einzelnen auf jenes passende Format eines Gruppenmitglieds zurechtzustutzen. Er ist dann leistungsfähig und zeigt Disziplin, aber er ist nicht mehr er selbst, nicht mehr ganz lebendig und darum in seiner Fähigkeit, das Leben zu lieben, gelähmt.

Die Frage nach den Möglichkeiten einer Änderung scheint berechtigt. Müssen wir notwendigerweise unser System der Massenproduktion, unsere technischen Errungenschaften aufgeben, um das Leben wieder lieb gewinnen zu können? Dies glaube ich nicht. Wir müssen uns aber der Gefahr bewusst sein und den materiellen Dingen den ihnen zustehenden Platz zuordnen, und wir müssen aufhören, uns selbst in Dinge zu verwandeln und nur noch Statthalter von Dingen zu sein. Lieben wir das Lebendige, statt es zu manipulieren, dann kann selbst ein Ding – ein Glas zum Beispiel – durch unseren belebenden Umgang mit ihm, wie wir ihn von Künstlern kennen, lebendig werden. Wir werden dann lernen, dass uns etwas ansprechen wird, wenn wir jemand anderen oder etwas anderes nur lange genug betrachten. Allerdings muss man es wirklich betrachten und damit aufhören, aus ihm etwas herausbekommen zu wollen. Man muss wirklich still sein können. Wer glaubt, seine Gefühle unbedingt mit Worten des Entzückens wie „Ist es nicht himmlisch!" oder „Ich sterbe vor Sehnsucht, es wieder zu sehen!" beschreiben zu müssen, dessen Empfindungen taugen vermutlich nicht viel. Wer einen Baum so betrachten kann, dass dieser zurückzuschauen scheint, dem wird wahrscheinlich gar nicht danach sein, etwas sagen zu wollen.

Es gibt keine Rezepte, wie man das Leben lieben kann, und doch kann man viel lernen. Wer Illusionen aufgeben kann, wer andere und sich so sehen kann, wie sie sind und wie er ist, wer lernen kann, zu sich zu kommen statt andauernd auszugehen, wer den Unterschied zwischen Leben und Dingen, zwischen Glück und Erregung, zwischen Mittel und Zweck und insbesondere zwischen Liebe und Gewalt spüren kann, der hat schon die ersten Schritte hin zu einer Liebe zum Leben getan. Nach den ersten Schritten sollte man erneut Fragen stellen. Bedeutsame Antworten lassen sich in einer Reihe von Büchern finden, meistens aber in einem selbst.

Eine Frage sollte nicht außer acht gelassen werden: Je mehr jemand das Leben liebt, desto mehr muss er fürchten, unter der ständigen Bedrohung der Wahrheit, Schönheit und Unversehrtheit des Lebens zu leiden. Dies ist tatsächlich so, besonders heute. Wer sich vor diesem Schmerz zu bewahren versucht, indem er dem Leben gegenüber gleichgültig wird, der erzeugt nur einen noch größeren Schmerz. Jeder zutiefst depressive Mensch kann bestätigen, dass ein Gefühl der Trauer eine Erlösung von der Qual bedeuten würde, gar nichts zu fühlen. Glücklich zu sein, ist nicht das Wichtigste im Leben, sondern lebendig zu sein. Zu leiden ist nicht das Schlimmste im Leben; das Schlimmste ist die Gleichgültigkeit. Leiden wir, dann können wir versuchen, die Ursachen des Leidens zu beseitigen. Fühlen wir hingegen gar nichts, sind wir gelähmt. Bis jetzt war in der Geschichte der Menschen das Leiden die Geburtshelferin für Veränderung. Sollte – zum ersten Mal – Gleichgültigkeit die Fähigkeit des Menschen zunichte machen, sein Schicksal zu wenden?

II
Wer ist der Mensch?

Psychologische Zugänge

Lassen Sie mich zunächst eine Vorbemerkung machen, die psychologischer Natur ist. Ich will, da ich Psychoanalytiker bin, in diesen Ausführungen immer wieder von psychologischen Fragen sprechen. [...] Es gibt zwei Wege, zwei Möglichkeiten, das Problem des Menschen psychologisch zu studieren. Die akademische Psychologie studiert den Menschen zur Zeit meistens vom Standpunkt der Verhaltensforschung oder – wie man das auch nennt – des Behaviorismus aus. Das heißt, man studiert nur das, was man unmittelbar sehen und beobachten kann, was direkt sichtbar, also auch messbar und wiegbar ist. Denn was man nicht unmittelbar sehen und beobachten kann, das kann man natürlich auch nicht messen und nicht wiegen, jedenfalls nicht exakt genug.

Die tiefenpsychologische, psychoanalytische Methode geht anders vor. Sie hat ein anderes Ziel. Sie untersucht eine Handlung, ein Verhalten nicht einfach von dem Standpunkt her, was man sehen kann. Sie fragt vielmehr nach der Qualität dieses Verhaltens, nach der dem Verhalten zugrunde liegenden Motivation. Lassen Sie mich ein paar kleine Beispiele geben. Sie können beschreiben: ein Mensch lächelt. Das ist eine Verhaltensweise, die man fotografieren, die man muskulär beschreiben kann usw. Aber Sie wissen doch, dass es einen Unterschied gibt zwischen dem Lächeln einer Verkäuferin im Laden, dem Lächeln eines Menschen, der Ihr Feind ist, der jedoch seine Feindseligkeit verbergen will, oder dem Lächeln eines Freundes, der sich freut, Sie anzusehen. Sie kennen den Unterschied von vielen hundert Arten von Lächeln, die aus verschiedenen seelischen Motiven kommen: das ist zwar alles Lächeln, was es aber ausdrückt, kann etwas ganz Entgegengesetztes sein, das kein Apparat messen oder auch nur wahrnehmen kann, denn das kann nur einer, der kein Apparat ist, und das sind Sie selbst. Sie beobachten nicht nur mit dem Gehirn, sondern ebenso – wenn ich das so altmodisch ausdrücken darf – mit dem Herzen. Ihre ganze Person erfasst das, was da vorgeht, und hat ein Gespür dafür, was für ein Lächeln das ist. Und wenn Sie kein Gespür dafür haben, dann erleben Sie natürlich viele Enttäuschungen in Ihrem Leben.

Oder nehmen Sie eine ganz andere Beschreibung eines Verhaltens: ein Mensch isst. Ja klar, er isst. Aber wie isst er? Einer schlingt. Ein anderer isst so, dass man erkennen kann, dass er sehr pedantisch ist und Wert darauf legt, dass alles ganz ordentlich zugeht und der Teller leer gegessen wird. Der nächste isst, ohne zu schlingen, ohne gierig zu sein; es schmeckt ihm; er isst einfach nur, und es tut ihm gut.

Oder nehmen Sie ein weiteres Beispiel: Ein Mensch schreit und bekommt einen roten Kopf. Da sagen Sie: Er ist wütend. Sicher ist er wütend. Dann sehen Sie ihn sich etwas genauer an und fragen sich, was in diesem Menschen (vielleicht kennen Sie ihn) vorgeht, und plötzlich merken Sie: Er ist ja ängstlich, er ist erschreckt und fürchtet sich, und die Wut ist nur eine Reaktion auf seine Angst. Und dann schauen Sie vielleicht noch etwas tiefer und stellen fest: Das ist ein Mensch, der sich eigentlich hilflos und impotent vorkommt, der vor allem, vor dem ganzen Leben, Angst hat. Nun haben Sie drei Beobachtungen gemacht: dass er wütend ist, dass er Angst hat und dass er ein tiefes Gefühl der Hilflosigkeit verspürt. Alle drei Beobachtungen sind richtig. Aber sie beziehen sich auf verschiedene Schichten seiner Struktur. Die Beobachtung, die sich auf das Gefühl der Ohnmacht bezieht, ist diejenige, die am tiefsten beschreibt, was in dem Menschen vorgeht, und diejenige, die nur die Wut registriert, ist die oberflächlichste. Das heißt, wenn Sie nun auch wütend werden und in Ihrem Gegenüber nichts anderes als einen wütenden Menschen sehen, dann treffen Sie vorbei. Wenn Sie aber hinter der Fassade des wütenden den ängstlichen Menschen sehen, den sich ohnmächtig fühlenden, dann werden Sie sich ihm anders nähern, und es kann passieren, dass seine Wut sich legt, weil er sich nicht mehr bedroht fühlt.

Vom Standpunkt der Psychoanalyse aus sind wir in alledem, was wir hier besprechen, nicht in erster Linie und schon gar nicht ausschließlich daran interessiert zu erfahren, wie sich ein Mensch, ganz von außen betrachtet, *verhält*, sondern welche *Motive*, welche Intentionen er hat, ob sie nun unbewusst sind oder bewusst. Wir fragen nach der Qualität seines Verhaltens. Ein Kollege von mir – Theodor Reik – hat einmal das Wort geprägt: „Der Analytiker hört mit dem dritten Ohr." Das ist ganz richtig. Man kann auch sagen – und das ist eine ältere Redewendung: Er liest zwischen den Zeilen. Er sieht nicht nur das, was ihm direkt dargeboten wird, sondern er sieht in dem Dargebotenen und Beobachtbaren etwas mehr, nämlich etwas vom Kern der Persönlichkeit, die da handelt und von der jede Handlung nur ein Ausdruck ist, eine Manifestation, die jedoch stets eingefärbt wird von der gesamten Persönlichkeit. Es gibt keinen Akt des Verhaltens, der nicht eine Geste des ganz spezifischen Menschen wäre, und deshalb gibt es auch letztlich nie zwei Verhaltensakte, die identisch sind, sowenig es zwei Menschen gibt, die identisch sind. Sie mögen sich ähnlich, sie mögen einander verwandt sein – dasselbe sind sie nie. Es gibt keine zwei Menschen, die die Hand in genau derselben Weise heben, die in derselben Weise gehen, die in derselben Weise ihren Kopf neigen. Aus diesem Grunde können Sie manchmal einen Menschen schon an seinem Gang erkennen, obwohl Sie sein Gesicht nicht sehen. Der Gang ist für einen Menschen so charakteristisch wie sein Gesicht, gelegentlich sogar mehr: denn das Gesicht kann er verstellen, den Gang viel schwerer. Mit dem Gesicht kann man lügen, das ist die Eigenart des Menschen, die er dem Tier voraus hat. Mit dem Gang zu lügen ist schon schwieriger, obwohl man auch dies lernen kann.

Der gegenwärtige Zustand des Menschen

Als die mittelalterliche Welt zerstört war, schien der westliche Mensch der endgültigen Erfüllung seiner kühnsten Träume und Visionen entgegenzugehen. Er befreite sich von der Autorität einer totalitären Kirche, von der Last des traditionellen Denkens, von den geographischen Begrenzungen unseres erst zur Hälfte entdeckten Erdballs. Er schuf eine neue Wissenschaft, die schließlich bisher ungeahnte Produktivkräfte entfaltete und die materielle Welt völlig verwandelte. Er schuf politische Systeme, die Gewähr für eine freie und schöpferische Entwicklung des Individuums zu bieten schienen; er verkürzte die Arbeitszeit in solchem Ausmaß, dass der westliche Mensch so viele Mußestunden genießen kann, wie es seine Vorfahren sich kaum erträumt hatten.

Wo aber stehen wir heute? Die Gefahr eines alles zerstörenden Krieges lastet auf der Menschheit, eine Bedrohung, der die Regierungen mit ihren zögernden Versuchen, ihr zu entgehen, keineswegs entgegenwirken. Aber selbst wenn die Politiker nüchtern genug sein sollten, einen Krieg zu verhindern, so sind wir doch weit entfernt davon, die Hoffnungen des sechzehnten, siebzehnten und achtzehnten Jahrhunderts erfüllt zu sehen.

Der Charakter des Menschen ist von den Erfordernissen der Welt geformt worden, die er mit seinen eigenen Händen schuf. Im achtzehnten und neunzehnten Jahrhundert hatte der Gesellschafts-Charakter der Mittelklasse stark ausbeuterische und hortende Züge. Dieser Charakter war bestimmt durch das Bestreben, andere auszubeuten und die Gewinne zu sparen, um weiteren Profit daraus zu ziehen. Im zwanzigsten Jahrhundert zeigen die Charakterzüge des Menschen eine beträchtliche Passivität und eine Identifikation mit Werten, die sich am Markt orientieren. Der Mensch unserer Tage verhält sich den größten Teil seiner Freizeit hindurch passiv. Er ist ein ewiger Konsument; er „nimmt" alkoholische Getränke, Speisen, Zigaretten, Vorträge, Ansichten, Bücher, Filme „zu sich"; alles wird konsumiert, alles geschluckt. Die Welt ist ein großes Objekt für seinen Appetit: eine große Flasche, ein großer Apfel, eine große Brust. Der Mensch ist zum Säugling geworden, ewig voller Erwartung – und ewig enttäuscht.

Soweit der moderne Mensch nicht Konsument ist, ist er Käufer und Verkäufer. Den Mittelpunkt unseres Wirtschaftssystems bildet der Markt, der den Wert aller Waren bestimmt und den Anteil jedes Einzelnen am Sozialprodukt reguliert. Weder Gewalt noch Tradition, wie in früheren Geschichtsperioden, noch Betrug oder Täuschung beherrschen die wirtschaftlichen Prozesse. Der Mensch ist frei zu produzieren und zu verkaufen; der Markttag ist der Gerichtstag über den Erfolg seiner Bemühungen. Nicht nur Waren werden auf dem Markt angeboten und verkauft; die Arbeit ist zur Ware geworden, die auf dem Arbeitsmarkt unter den gleichen Bedingungen des Wettbewerbs verkauft wird. Aber das Marktsystem reicht über den wirtschaftlichen Bereich von Waren und Arbeit hinaus. Der Mensch hat sich selbst in eine Ware verwandelt und fasst sein Leben als Kapital auf, das Gewinn bringend investiert werden muss; wenn ihm das gelingt, ist er „erfolgreich", und sein Leben hat Sinn; wenn nicht, ist er ein „Versager". Sein „Wert" liegt in seiner Verkäuflichkeit, nicht in den menschlichen Fähigkeiten der Liebe, der Vernunft oder der künstlerischen Kreativität. So hängt sein Selbstwertgefühl von äußeren Faktoren ab – von seinem Erfolg, von dem Urteil der anderen. Daher ist er von diesen abhängig und sucht Sicherheit in der Konformität – niemals mehr als zwei Schritt von der Herde entfernt.

Doch der Charakter des modernen Menschen wird nicht allein vom Markt bestimmt. Ein anderer Faktor, der eng mit dem Markt zusammenhängt, ist die Art und Weise der industriellen Produktion. Die Unternehmen werden immer größer; die Zahl der in ihnen beschäftigten Arbeiter und Angestellten wächst beständig; Eigentum und Management sind getrennt. Die Industrieriesen werden von einer Berufsbürokratie gelenkt, der es hauptsächlich um das reibungslose Funktionieren und die Ausdehnung ihres Unternehmens geht, weniger um persönliche Profitgier an sich.

Welchen Menschen braucht unsere Gesellschaft zum reibungslosen Funktionieren? Sie braucht Menschen, die in großen Gruppen zusammenarbeiten, die mehr und mehr konsumieren wollen, deren Geschmack genormt, leicht zu beeinflussen und vorherzusagen ist. Sie braucht Menschen, die sich frei und unabhängig fühlen und glauben, keiner Autorität, keinem Prinzip und keinem Gewissen unterworfen zu sein – die aber dennoch bereit sind, Befehle auszuführen, zu tun, was man von ihnen erwartet, und sich reibungslos in die gesellschaftliche Maschinerie einfügen. Sie braucht Menschen, die ohne Gewalt gelenkt, ohne Führer geführt, ohne Ziele angetrieben werden können, mit der einen Ausnahme: nie untätig zu sein, immer zu funktionieren und weiterzustreben. Die moderne Industrialisierung hat diesen Menschen geschaffen – den Automaten, den entfremdeten Menschen. Er ist entfremdet in dem Sinn, dass ihm sein Handeln und seine eigenen Kräfte fremd geworden sind; sie stehen über ihm und gegen ihn und beherrschen ihn, statt dass er sie beherrscht. Seine Lebenskräfte haben sich in Dinge und Institutionen verwandelt und sind zu Götzen geworden. Er erlebt sie nicht mehr als Ergebnis seiner eigenen Anstrengungen, sondern als etwas von ihm Getrenntes, das er anbetet und dem er sich unterwirft. Der entfremdete Mensch kniet nieder vor dem Werk seiner eigenen Hände. Seine Götzen verkörpern seine eigenen Lebenskräfte in einer entfremdeten Form. Der Mensch erfährt sich nicht mehr als den tätigen Schöpfer seiner eigenen Kräfte und Reichtümer, sondern als ein verarmtes „Ding“, abhängig von anderen Dingen außerhalb von ihm, auf die er seine Lebenssubstanz projiziert hat.

Seine sozialen Strebungen hat er auf den Staat übertragen. Als Staatsbürger ist er sogar bereit, sein Leben für den

Mitmenschen zu opfern; als privates Individuum ist er beherrscht von selbstsüchtiger Sorge um sich selbst. Weil er den Staat zur Verkörperung seiner sozialen Strebungen gemacht hat, betet er ihn und seine Symbole an. Er überträgt sein Machtgefühl, seine Klugheit und seinen Mut auf Führer und betet diese Führer als Idole an. Als Arbeiter, Angestellter oder Manager ist der moderne Mensch seiner Arbeit entfremdet. Der Arbeiter ist zum Rad im Wirtschaftsgetriebe geworden, das sich nach den Anweisungen von Automaten und Managern dreht. Er hat keinen Anteil an der Planung des Arbeitsvorganges, keinen Anteil an seinem Ergebnis, selten sieht er das fertige Produkt. Der Manager hingegen beschäftigt sich mit dem fertigen Produkt, doch ist er ihm als etwas Konkretem, Nützlichem, entfremdet. Sein Ziel ist, das Kapital, das andere investiert haben, Gewinn bringend anzuwenden; die Ware verkörpert lediglich das Kapital, als konkreter Gebrauchswert bedeutet sie ihm nichts. Der Manager ist zum Bürokraten geworden, der Dinge, Zahlen und menschliche Wesen nur als Objekte seiner Tätigkeit handhabt. Die Manipulation von Menschen wird als *human relations* bezeichnet, während der Manager es doch mit allerunmenschlichsten Beziehungen zu tun hat, nämlich solchen zwischen Automaten, die zu Abstraktionen geworden sind.

Unser Konsum ist ebenfalls entfremdet. Er wird weit mehr durch Werbeslogans als durch unsere wirklichen Bedürfnisse, unseren Gaumen, unsere Augen oder Ohren bestimmt.

Die Sinnlosigkeit und Entfremdung der Arbeit führen zur Sehnsucht nach vollkommener Untätigkeit. Der Mensch hasst sein Arbeitsleben, weil er sich in ihm gefangen und betrogen fühlt. Sein Ideal wird die absolute Untätigkeit, in der er keine Bewegung machen muss und alles nach dem Kodak-Slogan abläuft: „Sie drücken auf den Knopf, wir besorgen den Rest." Diese Tendenz wird durch den Konsum verstärkt, der zur Ausweitung des Marktes nötig ist, und das führt zu einem Prinzip, das Aldous Huxley sehr eindrucksvoll in seinem Buch *Schöne Neue Welt (Brave New World,* 1946) geschildert hat. Einer der Slogans, von dem jeder von Kindheit an beeinflusst worden ist, lautet: „Verschiebe ein Vergnügen nie auf morgen, wenn du es heute haben kannst." Wenn ich die Befriedigung meines Wunsches nicht aufschiebe (und man hat mir beigebracht, nur zu wünschen, was ich bekommen kann), habe ich keine Konflikte, keine Zweifel; keine Entscheidung muss getroffen werden, nie bin ich mit mir allein, weil ich immer beschäftigt bin – entweder mit Arbeit oder mit dem Vergnügen. Ich habe kein Bedürfnis, meiner selbst bewusst zu werden, denn ich bin ständig mit Konsumieren beschäftigt. Ich bin ein System von Begierden und Befriedigungen; ich muss arbeiten, um meine Wünsche erfüllen zu können – und diese Wünsche werden von der Wirtschaftsmaschinerie immerzu wachgehalten und gelenkt.

Wir nehmen für uns in Anspruch, die Ziele der jüdisch-christlichen Tradition ernst zunehmen: die Liebe zu Gott und unserem Nächsten. Man sagt uns sogar, dass wir in einer verheißungsvollen Zeit religiöser Renaissance leben. Nichts liegt der Wahrheit ferner. Wir bedienen uns der Symbole, die einer echten religiösen Tradition angehören, und verwandeln sie in Formeln, die den Zwecken des entfremdeten Menschen dienen. Die Religion ist zur leeren Hülle geworden; sie hat sich in eine Selbsthilfevorrichtung zur Steigerung des Erfolgs verwandelt. Gott wird zum Geschäftspartner. Pfarrer Peales *The Power of Positive Think-*

ing löst Dale Carnegies Bestseller *How to Make Friends and Influence People* ab.

Liebe zum Menschen ist ebenfalls ein seltenes Phänomen. Automaten lieben nun einmal nicht. Entfremdete Menschen sind sich gleichgültig. Was die Liebesexperten und die Eheberater anpreisen, ist eine Team-Beziehung zwischen zwei Personen, die einander mit der richtigen Technik manipulieren und deren Liebe im Wesentlichen ein Egoismus zu zweit ist – ein Schutz vor dem sonst unerträglichen Alleinsein. [...]

Trotz wachsender Produktion und Bequemlichkeit verliert der Mensch immer mehr sein Selbstgefühl; er hält sein Leben für sinnlos, wenn dieses Gefühl auch weitgehend unbewusst ist. Das Problem des neunzehnten Jahrhunderts hieß: *Gott ist tot,* das Problem des zwanzigsten Jahrhunderts: *der Mensch ist tot.* Im neunzehnten Jahrhundert bedeutete Unmenschlichkeit Grausamkeit; im zwanzigsten Jahrhundert bedeutet sie schizoide Selbstentfremdung. Die Gefahr der Vergangenheit war, dass Menschen zu Sklaven wurden. Die Gefahr der Zukunft ist, dass sie Roboter werden. Bezeichnenderweise rebellieren Roboter nicht. Menschen, die zu Robotern geworden sind, können nicht leben und vernünftig bleiben; sie werden zu „Golems" und werden ihre Welt und sich selbst zerstören, weil sie die Öde eines sinnlosen Lebens nicht ertragen können.

Was ist die Alternative zu Krieg und automatisiertem Leben? Die beste Antwort läge in der Umkehrung von Emersons Satz „Die Dinge sitzen im Sattel und reiten die Menschheit" – „Setzt die Menschheit in den Sattel, damit sie die Dinge reiten kann!" Das heißt, der Mensch muss die Entfremdung überwinden, die ihn zum impotenten und irrationalen Götzenanbeter macht. Im psychologischen Bereich bedeutet das, dass er sein am Marketing orientiertes und passives Verhalten überwinden und einen reifen und produktiven Weg einschlagen muss. Er muss sein Selbstgefühl zurückgewinnen, er muss zur Liebe fähig werden und seine Arbeit zu einer sinnvollen, konkreten Tätigkeit machen. Er muss sich von der materialistischen Orientierung freimachen und sich auf eine Stufe erheben, auf der nur geistige Werte – Liebe, Wahrheit und Gerechtigkeit – wirklich zählen. Aber jeder Versuch, nur einen Lebensbereich, den menschlichen oder den geistigen zu ändern, ist zum Scheitern verurteilt. Fortschritt in nur einem Bereich verhindert umfassenden Fortschritt in allen Bereichen. Das Evangelium, das sich nur mit der Erlösung der Seele befasste, führte zur Entstehung der römisch-katholischen Kirche; die Französische Revolution, in der es ausschließlich um politische Verbesserung ging, führte zu Robespierre und Napoleon; der Sozialismus, soweit er lediglich die wirtschaftliche Umwälzung zum Ziel hatte, führte zum Stalinismus.

Bei der Anwendung des Prinzips der gleichzeitigen Veränderung aller Lebensbereiche müssen wir die wirtschaftlichen und politischen Wandlungen bedenken, die zur Überwindung der psychischen Entfremdung nötig sind. Wir dürfen die technischen Errungenschaften der maschinellen Produktion und der Automation nicht aufgeben. Wir müssen aber Arbeit und Staat so dezentralisieren, dass sie menschliche Proportionen annehmen, und dürfen Zentralisierung nur so weit zulassen, wie sie für die Erfordernisse der Industrie nötig ist. Auf wirtschaftlichem Gebiet brauchen wir eine industrielle Demokratie, einen demokratischen Sozialismus, der gekennzeichnet ist durch die Mitbestimmung aller, die in einem Unternehmen arbeiten, mit dem Ziel ihrer aktiven und verantwortlichen Beteiligung.

Neue Formen solcher Beteiligung könnten gefunden werden. Auf politischem Gebiet kann eine wirkliche Demokratie durch Bildung unzähliger kleiner Gruppen errichtet werden, die gut unterrichtet sind und ernsthaft diskutieren; ihre Entscheidungen müssten in einem neuen „Unterhaus" zusammengefasst werden. Die kulturelle Renaissance muss Arbeitserziehung für die jungen Menschen, Erwachsenenbildung und ein neues System der Volkskunst und des weltlichen Brauchtums verbinden.

Wie der primitive Mensch den Naturgewalten hilflos ausgeliefert war, so ist der moderne Mensch den gesellschaftlichen und wirtschaftlichen Gewalten ausgeliefert, die er selbst geschaffen hat. Er betet das Werk seiner eigenen Hände an, er verbeugt sich vor den neuen Idolen, und doch schwört er im Namen Gottes, der ihm befahl, alle Götzen zu vernichten. Der Mensch kann sich vor den Folgen seines Wahnsinns nur schützen, indem er eine gesunde und vernünftige *(sane)* Gesellschaft bildet, die den Bedürfnissen des Menschen entspricht – Bedürfnissen, die in den wesentlichen Bedingungen seiner Existenz ihren Ursprung haben. Er muss eine Gesellschaft bilden, in der der Mensch dem Menschen mit Liebe begegnet und mehr in Brüderlichkeit und Solidarität verwurzelt ist als in Blut und Boden, eine Gesellschaft, die ihm die Möglichkeit gibt, kreativ die Natur zu transzendieren, und nicht durch Zerstören, eine Gesellschaft, in der jeder sein Selbstgefühl findet als Subjekt seiner Kräfte und nicht als Konformist, in der ein System der Orientierung und der Hingabe besteht, das von ihm nicht verlangt, die Wirklichkeit zu entstellen und Idole anzubeten.

Der Aufbau einer solchen Gesellschaft stellt den nächsten Schritt dar; er bedeutet das Ende der „menschenähnlichen" Geschichte, in der der Mensch noch nicht völlig menschlich geworden ist. Er bedeutet nicht das „Ende der Tage", die „Vollendung", den Zustand vollkommener Harmonie, in der es keine Konflikte und Probleme mehr gibt. Es ist im Gegenteil gerade das Schicksal des Menschen, dass sein Dasein erfüllt ist von Widersprüchen und dass er sich mit ihnen auseinandersetzen muss, ohne sie jemals lösen zu können. Wenn er das primitive Stadium des Menschenopfers überwunden hat – sei es nun in der rituellen Form der Azteken oder in der säkularen Form des Krieges –, wenn er sein Verhältnis zur Natur vernünftig statt blindlings zu gestalten vermag, wenn die Dinge wirklich seine Diener statt seine Götzen geworden sind, dann wird er vor den wahrhaft menschlichen Konflikten und Problemen stehen; er wird wagemutig, kühn, erfinderisch, fähig zu leiden und sich zu freuen sein müssen, aber seine Kräfte werden im Dienst des Lebens stehen, nicht im Dienst des Todes. Die neue Phase der menschlichen Geschichte wird, wenn sie eintreten sollte, ein Neubeginn sein, kein Ende.

Die ethische Frage heute

Das Wort „Ethik" leitet sich von einer sprachlichen Wurzel ab, die ursprünglich „Sitte" bedeutet, und bezeichnet schließlich eine Wissenschaft, die sich mit den Idealvorstellungen und Werten der menschlichen Beziehungen befasst. Die Verwechslung von Sitte und Werten herrscht noch in vielen Köpfen vor.

Heute bringen die meisten Menschen Ethik in ihrem Bewusstsein mit Idealen, mit ethischen Normen in Verbindung, während sie faktisch aber das, was Sitte ist, als das

Gute betrachten. Zwar verstehen wir bewusst unter einer ethischen Norm eine Sollensforderung, doch unbewusst halten wir das für richtig, was allgemein anerkannt ist. Wie wir wissen, ist das allgemein Anerkannte auch die bequemste Lösung – wenn auch nicht vom Standpunkt unseres Gewissens aus.

Manchmal wird Ethik nur auf das äußere Verhalten des Menschen bezogen. Ethik wird dann zu einem Kodex von gewissen wünschenswerten Verhaltensweisen. Wo dies geschieht, kann man Ethik aufgliedern und von medizinischer Ethik, von Betriebsethik, von militärischer Ethik sprechen. In all diesen Fällen ist in Wirklichkeit ein Verhaltenskodex gemeint, der sich auf eine bestimmte Situation bezieht und für sie gültig ist. Dagegen ist nichts einzuwenden, denn immerhin sind Menschen, die sich an einem solchen Verhaltenskodex orientieren, denen vorzuziehen, die gar keinen haben, und hat ein guter Verhaltenskodex vor einem schlechten Vorrang.

Wenn wir aber unter Ethik das verstehen, was der Begriff in der großen philosophischen oder religiösen Tradition bedeutet, dann ist Ethik kein Verhaltenskodex, der für bestimmte Gebiete gültig ist. In dieser Tradition bedeutet Ethik eine besondere Orientierung, die im Menschen verwurzelt ist und daher nicht nur in Bezug auf diese oder jene Person oder diese oder jene Situation gültig ist, sondern für alle. Wenn die Buddhisten recht haben, dann ist sie nicht nur für alle Menschen gültig, sondern für alles Lebendige. Das Gewissen ist das Organ dieser ethischen Haltung. Sprechen wir von Ethik im Sinne der großen philosophischen und religiösen Tradition des Ostens und Westens, dann ist Ethik kein Verhaltenskodex, sondern eine Angelegenheit des Gewissens. Wenn wir diese Ansicht zu unserer eigenen machen, dann gibt es so etwas wie eine medizinische Ethik nicht. Es gibt nur eine universale menschliche Ethik, die auf spezifische menschliche Situationen anzuwenden ist. Wenn wir andererseits die medizinische Ethik von dem universalen Problem der Ethik trennen, dann besteht die Gefahr, dass die medizinische Ethik zu einem Kodex entartet, dessen wesentliche Funktion darin besteht, die Interessen der Ärzteschaft gegenüber denen der Patienten zu vertreten.

Die Sprache des Gewissens

An diesem Punkt ist es angebracht, mehr über das Gewissen zu sagen. Es ist wichtig, sich die Unterscheidung zwischen dem autoritären Gewissen und dem humanistischen Gewissen vor Augen zu halten. (Vgl. E. Fromm, 1947a, GA II, S. 91–109.) Unter autoritärem Gewissen verstehe ich mehr oder weniger das, was Freud als Über-Ich bezeichnete, ein Ausdruck, der heute populärer ist als die Bezeichnung „Gewissen". Das autoritäre Gewissen oder Über-Ich ist ursprünglich die verinnerlichte Macht des Vaters; später ist es die verinnerlichte Autorität der Gesellschaft. Anstatt Angst vor der Bestrafung durch meinen Vater zu haben, habe ich seine Befehle verinnerlicht, so dass ich nicht auf die fürchterliche Erfahrung warten muss; ich höre die Stimme meines Vaters in mir und riskiere kein unerfreuliches Ereignis. Ich werde im voraus gewarnt, weil mein Vater in mir ist. Dieser Begriff der verinnerlichten Autorität des Vaters und der Gesellschaft gilt für das, was viele Menschen als ihr Gewissen bezeichnen. Freuds Erklärung des psychologischen Mechanismus ist meiner Ansicht nach genial und sehr zutreffend. Es erhebt sich aber die Frage: Ist das alles, oder gibt es noch ein ganz anderes Gewissen?

Den zweiten Typ des Gewissens, der keine verinnerlichte Autorität darstellt, nannte ich unter Bezugnahme auf die philosophische oder religiöse humanistische Tradition das humanistische Gewissen. Dieses Gewissen ist eine innere Stimme, die uns zu uns selbst zurückruft. Dieses „wir selbst" bedeutet den menschlichen Kern, der allen Menschen eigen ist, das heißt gewisse Charakteristika des Menschen, die nicht ohne ernsthafte Folgen verletzt oder verneint werden können.

Viele der heutigen Wissenschaftler halten es für Unsinn, dass es so etwas wie die „Natur des Menschen" geben solle. Sie sind der Ansicht, alles hänge davon ab, wo man lebe. Ein Kopfjäger tötet Menschen und lässt ihre Köpfe einschrumpfen; wer in Hollywood lebt, verschreibt sich dem Gelderwerb und sieht sich gern in Zeitungen usw. Für diese Wissenschaftler gibt es nichts in der menschlichen Natur, das uns sagte, wir sollten dieses tun und jenes unterlassen. Psychoanalytiker und Psychiater könnten andere Dinge berichten; sie könnten gewisse grundlegende Elemente in der menschlichen Natur anführen, die auf die gleiche Weise reagieren wie unser Körper, wenn seine Gesetze verletzt werden. Wenn sich in unserem Körper ein krankhafter Prozess abspielt, haben wir gewöhnlich Schmerzen; und bei krankhaften Prozessen in unserer Seele – das heißt bei Abläufen in unserer Seele, durch die etwas tief in der menschlichen Natur Liegendes verletzt wird – geschieht noch etwas anderes: Wir haben ein schlechtes Gewissen. Nun, wenn Leute nicht schlafen können, nehmen sie Medikamente. Wenn sie Schmerzen haben, können sie andere Medikamente nehmen. Das schlechte Gewissen wird auf eine der zahlreichen Arten beruhigt, die unsere Kultur dazu bereithält. Dennoch hat das schlechte Gewissen, auch wenn es unbewusst ist, zahlreiche Möglichkeiten des Ausdrucks, und es verfügt über eine Sprache, die manchmal ebenso peinigend sein kann wie körperlicher Schmerz.

Wer sich viel mit körperlichem Schmerz und körperlichen Symptomen befassen muss, sollte mit besonderer Aufmerksamkeit verfolgen, was er an geistig-seelischen Schmerzen und Symptomen in Erfahrung bringen kann. Wer beispielsweise in seinem Leben leugnet, was Albert Schweitzer „Ehrfurcht vor dem Leben" genannt hat, wer vollkommen grausam, völlig unmenschlich, ohne jede Güte und Liebe ist, gerät an den Rand des Wahnsinns. Manchmal entwickelt er eine Neurose, die ihn vor dem Wahnsinn rettet. Selbst die verwerflichsten Menschen auf dieser Welt müssen die Illusion aufrechterhalten – aber vielleicht ist es gar keine Illusion –, dass etwas Menschliches und Gutes in ihnen ist; denn würden sie sich nicht mehr menschlich fühlen, so würden sie sich tatsächlich am Rand des Wahnsinns fühlen.

Wir können leicht einige augenfällige Beispiele dafür finden. Der Psychologe Dr. Gustave Gilbert befragte Göring und andere gefangene Nazi-Führer in dem Jahr bis zu ihrem Tod. Er schildert, wie Göring ihn bat, doch jeden Tag zu kommen, und ihm immer wieder sagte: „Sehen Sie, ich bin gar nicht so schlecht; ich bin nicht so schlecht wie Hitler; Hitler tötete Frauen und Kinder. Ich nicht. Bitte glauben Sie mir." Er wusste, dass er sterben musste. Der Mann, mit dem er sprach, war ein junger amerikanischer Psychologe, dessen Beurteilung nicht die geringste Bedeutung hatte. Göring sprach zu keiner Zuhörerschaft, und doch konnte er es nicht ertragen, sich als ein völlig unmenschliches Wesen zu sehen, sobald seine Macht einmal geschwunden war.

Eine ähnliche Geschichte berichtet ein amerikanischer Pressevertreter, der einige Zeit in Moskau lebte. Sie handelt von einem Mann namens Jagoda, der Chef der Geheimpolizei war, ehe er von jenen getötet wurde, die später selbst getötet werden sollten. Jagoda war gewiss verantwortlich für den Tod und die Folterung von Hunderttausenden. Dem Bericht des Reporters zufolge unterhielt er ein Waisenhaus bei Moskau, das einer der schönsten Plätze auf der Welt war – die Waisen genossen Freiheit, Liebe und jegliche Fürsorge. Eines Tages sagte Jagoda zu diesem Pressekorrespondenten: „Würden Sie mir einen großen Gefallen tun und einen Artikel über mein Waisenhaus schreiben? Schreiben Sie ihn aber bitte für eine bestimmte Zeitschrift in New York." Der Reporter sah ihn erstaunt an, und der Chef der Geheimpolizei erklärte ihm: „Sehen Sie, ich habe einen Onkel in Brooklyn, den Bruder meiner Mutter, der diese Zeitschrift liest. Meine Mutter glaubt, ich sei der Teufel. Wenn mein Onkel Ihren Artikel liest, wird er meiner Mutter schreiben und ich fühle mich besser." Der Reporter schrieb den Artikel. Er schilderte, wie Jagoda daraufhin das Leben einer Reihe von Menschen verschont habe und ihm bis zum Ende seines Lebens dankbar gewesen sei.

Das Problem war nicht Jagodas Mutter; es war sein Gewissen. Er konnte die völlige Unmenschlichkeit seines Lebens nicht ertragen.

Ein Wiener Psychiater, der die DDR besuchte, berichtet, dass die Psychiater dort von einem neurotischen Zusammenbruch sprechen, den sie die „Funktionärskrankheit" nennen. Damit ist ein neurotischer Zusammenbruch kommunistischer Funktionäre gemeint, die lange Zeit im „Dienst" stehen. An einem gewissen Punkt tritt etwas auf, was sie nicht ertragen können. Wir könnten sehr umfangreiches Material aus allen Ländern und Kulturen zusammentragen, mit dem ebenfalls veranschaulicht werden würde, dass man nicht sein ganzes Leben unmenschlich zubringen kann, ohne ernstlich zu leiden, so wie der Körper nicht lange Zeit unterernährt werden kann, ohne schließlich zu sterben.

Die Tatsache, dass ich Beispiele aus dem stalinistischen Russland und aus dem nazistischen Deutschland gebrauchte, bedeutet nicht, dass es nicht überall ähnliche Probleme gäbe. In der gesamten westlichen Welt sind nicht so sehr Grausamkeit und Destruktivität das Problem, sondern Langeweile. Das Leben erscheint sinnlos. Man lebt und fühlt zugleich, dass man nicht lebendig ist. Das Leben verrinnt wie Sand. Fühlt ein Mensch aber – bewusst oder unbewusst –, dass er in Wirklichkeit nicht lebt, dann merkt er die Auswirkungen, die häufig zu Neurosen führen, sofern er sich ein wenig Empfindungsfähigkeit und Lebendigkeit bewahrt hat. Solche Menschen konsultieren heute die Analytiker. Auf der bewussten Ebene beklagen sie ihre unbefriedigende Ehe oder ihre Arbeit oder sonst etwas; fragt man aber, was hinter diesen Klagen steht, dann lautet die Antwort gewöhnlich, dass das Leben als sinnlos erfahren wird. Diese Menschen spüren, dass sie gerne, mit Interesse und engagiert in der Welt leben sollten, aber nur tot und unmenschlich zu sein scheinen. […]

Der Mensch erfährt sich selbst als Ding

Hinsichtlich des ethischen Problems unserer Zeit – des Problems des gegenwärtigen Menschen – gilt es zunächst festzustellen: Der Mensch erfährt sich selbst als Ding – als bloße Ware. Er betrachtet seine Lebenskraft als Kapital, das

Gewinn bringend anzulegen ist; und wenn es Gewinn bringt, so nennt er es Erfolg. Wir stellen Maschinen her, die wie Menschen handeln, und bringen Menschen hervor, die wie Maschinen handeln. Die Gefahr des neunzehnten Jahrhunderts lag darin, dass wir zu Sklaven wurden; die Gefahr des zwanzigsten Jahrhunderts ist nicht, dass wir zu Sklaven, sondern dass wir zu Robotern werden.

Ursprünglich war unsere gesamte materielle Produktion ein Mittel zum Zweck. Dass sie ein Mittel zum Zweck größeren Glücks sei – das behaupten wir immer noch. Tatsächlich aber ist die materielle Produktion zum Selbstzweck geworden, und wir wissen eigentlich nicht, was wir damit anfangen sollen. Nehmen wir als Beispiel den Wunsch, Zeit zu sparen. Wenn wir Zeit eingespart haben, geraten wir in Verlegenheit, weil wir nichts damit anzufangen wissen, und finden Mittel und Wege, sie totzuschlagen; dann fangen wir von neuem an, Zeit zu sparen. Der Mensch in unserer Kultur erfährt sich nicht mehr als handelndes Subjekt, nicht als Mittelpunkt der Welt, nicht als Urheber seiner eigenen Taten, sondern als ein machtloses *Ding*. Sein eigenes Handeln und dessen Folgen sind zu seinen Herren geworden. Denken wir nur an das Symbol, wenn schon nicht an die Furcht erregende Realität der Atombombe. Der Mensch betet das Werk seiner eigenen Hände, seine selbsterschaffenen Führer an, als stünden sie über ihm. Wir meinen, Christen oder Juden oder sonst etwas zu sein, in Wirklichkeit aber sind wir in einen Zustand der Götzenanbetung verfallen, den die Propheten so treffend geschildert haben. Zwar bringen wir Baal und Astarte keine Opfer mehr, doch beten wir Dinge an: die Produktion, den Erfolg; in unserer Naivität sind wir unserer Götzendienerei anscheinend gar nicht bewusst und glauben, aufrichtig zu sein, wenn wir von Gott reden. Manche versuchen sogar, Religion und Materialismus miteinander zu verknüpfen, bis schließlich die Religion zum Do-it-yourself, zum gesteigerten Erfolg ohne Zuhilfenahme des Psychiaters wird. In der Tat sind die Dinge zu dem geworden „was uns unbedingt angeht". Und mit welchem Ergebnis? Mit dem Ergebnis, dass der Mensch leer, unglücklich, gelangweilt ist. [...]

Die Feststellung „der Mensch ist kein Ding" ist für mich der Kernpunkt des ethischen Problems des heutigen Menschen. Der Mensch ist kein Ding, und wenn man versucht, ihn in ein Ding zu verwandeln, so schädigt man ihn. Oder um Simone Weil zu zitieren: „Macht ist die Fähigkeit, einen Menschen in ein Ding zu verwandeln, denn man verwandelt ein lebendiges Wesen in einen Leichnam." Ein Leichnam ist ein Ding, der Mensch nicht. Die letzte Gewalt – die Gewalt der Zerstörung – ist genau die letzte Gewalt der Verwandlung des Lebens in ein Ding. Der Mensch kann nicht auseinander genommen und wieder zusammengesetzt werden wie ein Ding. Ein Ding ist vorhersagbar, der Mensch nicht. Ein Ding ist nicht schöpferisch, der Mensch kann es sein. Ein Ding hat kein Selbst, der Mensch hat es. Der Mensch kann das eigenartigste und schwierigste Wort unserer Sprache, das Wort „ich" aussprechen. Man weiß, dass Kinder erst verhältnismäßig spät „ich" sagen, aber danach sagen wir alle ohne Zögern „ich denke", „ich fühle", „ich tue". Und wenn wir prüfen, was wir wirklich sagen, so finden wir, dass unsere Behauptung nicht stimmt. Es wäre viel richtiger zu sagen: „Es denkt in mir", „es fühlt in mir".

Würde man jemanden statt: „Wie geht es Ihnen" fragen: „Wer sind Sie", so wäre er ziemlich überrascht. Welche Antwort würde er zuerst geben? Zunächst würde er wohl seinen Namen nennen, aber der Name hat wenig mit der

Person zu tun. Dann würde er sagen: „Ich bin Arzt. Ich bin verheiratet. Ich bin Vater von zwei Kindern." Das sind alles Eigenschaften; sie könnten auch für einen Wagen gelten. Der Wagen kann nicht „ich" sagen. Was der Mensch als Beschreibung seiner selbst anbietet, ist in Wirklichkeit die Aufzählung der Qualitäten eines Objekts. Fragen Sie ihn, fragen Sie sich selbst: Wer bist du, wer ist dieses „Ich"? Was ist gemeint, wenn man sagt: „Ich fühle"? Fühle *ich* wirklich, oder fühlt es in mir? Fühlen wir uns wirklich als Mittelpunkt unserer Welt, nicht als egozentrischer Mittelpunkt, sondern so, dass wir „original" sind, womit ich meine, dass unsere Gedanken und Gefühle in uns ihren Ursprung haben? Wenn man am Morgen 15 bis 20 Minuten dasitzt und versucht, an nichts zu denken, sondern sich selbst „leer" zu machen, dann zeigt sich, wie schwer es ist, mit sich allein zu sein – das Gefühl zu haben: „Das bin ich."

Ich möchte hier einen weiteren Punkt [auf den ich unten im Abschnitt „Grenzen psychologischer Erkenntnis" noch ausführlicher eingehen werde] ansprechen, der sich auf den Unterschied zwischen der Kenntnis von Dingen und der Kenntnis von Menschen bezieht. Ich kann einen Leichnam oder ein Organ studieren, und es ist ein Ding. Ich kann natürlich auch meinen Intellekt und meine Augen gebrauchen ebenso gut wie meine Maschinen oder meine Apparate, um dieses Ding zu studieren. Wenn ich aber einen Menschen kennen lernen will, kann ich ihn nicht auf diese Weise studieren. Ich kann es natürlich versuchen und werde dann etwas schreiben über die Häufigkeit dieses oder jenes Verhaltens und Merkmals. Die Psychologie befasst sich weitgehend damit, aber auf diese Weise behandelt sie den Menschen als ein Ding. Das Problem jedoch, mit dem sich Psychiater und Psychoanalytiker befassen, das Problem, mit dem wir uns alle befassen sollten, besteht gerade darin, den Menschen als menschliches Wesen zu verstehen und nicht als ein Ding. Dieses Verstehen kann nicht mit den Methoden zustande kommen, die in den Naturwissenschaften zur Erkenntnis führen. Den Menschen können wir nur kennen lernen, indem wir uns *in Beziehung zu ihm setzen.* Nur dadurch, dass wir uns zu einem menschlichen Wesen in Beziehung setzen, können wir wirklich etwas über uns erfahren. Die letzte Kenntnis von einem anderen menschlichen Wesen kann nicht in Gedanken und Worte gefasst werden – man kann ja auch nicht beschreiben, wie Rheinwein schmeckt, und wenn man es 100 Jahre lang zu erklären versuchte. Man muss ihn eben selber getrunken haben. Ebenso kann man niemals die Beschreibung einer Persönlichkeit, eines menschlichen Wesens in seiner ganzen Individualität erschöpfen; man kann es nur durch einen empathischen Akt, durch ganzheitliche Erfahrung, durch Liebe kennen lernen.

Verdinglichung und Entfremdung

Der vor allem mit der Produktion von Dingen beschäftigte Menschen hat sich unbewusst selbst in ein Ding verwandelt. Bewusst sprechen wir über unsere Würde und von all den Dingen, die in einer Hunderte oder gar Tausende von Jahren alten Tradition wurzeln. In Wirklichkeit aber sprechen die meisten Menschen von sich selbst als Dingen und behandeln sich gegenseitig wie Dinge. So kommt jemand zum Beispiel zum Psychoanalytiker und erzählt diesem, obwohl er ihn noch nie zuvor in seinem Leben gesehen hat, seine tragische Lebensgeschichte, wie wenn jemand einem Werkstattmechaniker sein Leid darüber klagt, dass der Wagen stehen geblieben sei.

Das Problem der Verdinglichung hat mit der zentralen Frage der Entfremdung zu tun. Der Begriff „Entfremdung" stammt von Hegel und hat bei Marx eine zentrale Bedeutung. [...] Um über Entfremdung zu sprechen, kann man mit einem Begriff beginnen, der allen vertraut ist, die das Alte Testament kennen, nämlich dem des *Götzendienstes.* Die Propheten sahen es als ihre Hauptaufgabe an, gegen die Idolatrie zu kämpfen. Oft wird dies so missverstanden, als glaubten sie an den einen Gott und die anderen an viele Götter und dass dieser zahlenmäßige Unterschied den Monotheismus ausmache. Dem ist allerdings überhaupt nicht so. Der Begriff des Götzendienstes ist im Alten Testament eindeutig so definiert, dass der Mensch vor dem Werk seiner eigenen Hände niederkniet und es anbetet. Einer der Propheten brachte es sehr schön auf diese Weise zum Ausdruck: Hier ist ein Stück Holz. Du nimmst die eine Hälfte, machst ein Feuer, wärmst dich damit oder kochst dein Fleisch. Mit der anderen Hälfte fertigst du eine Statue, die du als deinen Gott verehrst. – Oder wie es in einem Psalm heißt: „Sie haben Ohren und hören nicht; sie haben Augen und sehen nicht; sie haben Hände und berühren nichts." (Psalm 115, 5–7) Der Mensch enteignet sich also seiner eigenen Kraft, überträgt sie auf ein Objekt, um dann seine eigene Kraft auf eine entfremdete Weise zu verehren, indem er das Idol anbetet. Er erlebt sich selbst nicht mehr als der Schöpfer, als das Subjekt dieser Kräfte. Mit sich selbst ist er nur noch auf indirekte und entfremdete Art in Kontakt, nämlich durch den Kontakt zu dem Wesen, das er aus eigener Kraft selbst geschaffen hat.

Wenn Marx sagt, dass dem Menschen sein eigenes Handeln zu einer fremden Macht wird, die über ihm und gegen ihn steht, statt von ihm gesteuert zu werden, dann verdeutlicht dies, wie eng verwandt sein Verständnis von Entfremdung mit dem Begriff der Idolatrie im Alten Testament ist. Marx fährt fort und sagt, dass die gesamte Geschichte auch die Geschichte der Entfremdung des Menschen von sich selbst und seiner eigenen menschlichen Kraft ist. Für ihn ist die Geschichte die Konsolidierung unseres eigenen Produkts zu einer objektiven Macht über uns, die unserer Kontrolle entwächst, unsere Erwartungen enttäuscht und unsere Berechnungen zunichte macht. Der Mensch war das *Objekt* der Umstände, er muss zum *Subjekt* werden, so dass der Mensch das höchste Wesen für den Menschen wird.

Die Geschichte der christlichen Kirche liefert ein weiteres Beispiel für Götzendienst. Wogegen protestierte Luther, als er sich von der katholischen Kirche trennte? Es gab viele Gründe, einer aber war, dass der Mensch Gott nur durch die Bürokratie der Kirche, durch die Priester, begegnen konnte. Der Mensch war also Gott entfremdet und konnte mit ihm nicht direkt in Beziehung treten, es sei denn ein Priester vermittelte ihm den Kontakt zu Gott. Luther protestierte hiergegen und bestand darauf, dass jeder Mensch ein Individuum sei und direkt mit Gott in Kontakt kommen solle und könne.

Diese lutherische Tradition ist eine der Grundlagen unserer modernen Vorstellungen von Freiheit und Individualität. Doch was beobachten wir heute? Wir finden genau die gleiche Situation vor, gegen die Luther kämpfte. Kirchenmitgliedschaft und Gottesdienstbesuch stehen heute vergleichsweise noch immer hoch im Kurs. Doch was ist das Ergebnis? Wir leben in einer sehr unreligiösen Kultur, in der sich die Tatsache der Entfremdung aufzeigen lässt. Indem der Einzelne einer Kirche angehört und am Sonntag den Gottesdienst besucht, hat er das bewusste Gefühl, mit Gott und mit seinen eigenen spirituellen Kräften in Kontakt zu sein. In Wirklichkeit aber geht es um Götzendienst und Entfremdung, weil er kein religiöses Erleben spürt. Er hat nur eine quasi-religiöse Erfahrung, wenn immer er mit jenen Kräften in Kontakt ist, an die die religiöse Erfahrung delegiert ist.

Das gleiche geschieht im sozialen Leben. Die Menschen sind heute fast ausschließlich nur von ihren privaten Problemen betroffen. Mit „betroffen" meine ich nicht nur, dass jemand darüber spricht, sondern dass jemand so sehr an einem Problem interessiert ist, dass es ihm manchmal den Schlaf raubt. Solche Probleme können die Gesundheit, Geld oder Familienprobleme sein. Probleme der Gesellschaft hingegen rauben ihm nicht den Schlaf, denn hier hat er sich selbst von den Erfahrungen gesellschaftlicher Betroffenheit, von seinem Bezogensein auf andere als Teil seines eigenen Lebens abgeschnitten. Hier erlebt er sich als privates Individuum mit ausschließlich privaten Interessen, abgetrennt von einem allgemeinen Interesse für das Ganze, während er sein gesellschaftliches Bezogensein auf die Regierung und auf Spezialisten projiziert hat. Wenn er zum Wählen geht, dann tut er ungefähr das Gleiche wie die Kirchgänger am Sonntag. Er gibt sich dann der Illusion hin, er erlebe sein eigenes soziales Bezogensein, wenn er mit jenen, die ihn als gesellschaftliches Wesen repräsentieren, in Kontakt ist. Aber er erlebt es eben nicht.

Auch als Nation werden wir von Dingen und Umständen gelenkt. Es gab noch kein Zeitalter, in dem diese Tatsache auf so schreckliche Weise offenbar wurde wie heute, wo wir von der Atombombe regiert werden. Die Atombombe ist das Werk unserer Hände. Die Umstände, die verschiedenen Regierungen sind das Ergebnis unseres Tuns. Und doch sind wir beinahe hilflose Gefangene unserer Umstände geworden, die vielleicht eines Tages zur Zerstörung von allem Lebendigen und von allem uns Wertvollem führen werden. Wir wissen um diese Tatsache, aber wir spüren keinen Affekt von Angst, Schrecken und Protest, den ein normaler Mensch spüren würde. Diese Spaltung zwischen Denken und Affekt, ein Mechanismus, der von der Schizophrenie her bekannt ist, ist für den gegenwärtigen Menschen charakteristisch. Da wir *alle* aber an einer solchen Spaltung leiden, erachten wir sie nicht als etwas Pathologisches.

Ein solches entfremdetes, schizoides Leben führt zu dem, was die Franzosen schon vor 150 Jahren *la malaise du siècle* – die Krankheit des Jahrhunderts – nannten oder *ennui*, Langeweile. Heute nennen wir es neurotisch. Wir werden indoktriniert, uns nicht unglücklich zu fühlen, denn wer sich unglücklich fühlt, ist kein Erfolg. Allerdings ist es uns erlaubt, uns neurotisch zu fühlen. So geht man zum Doktor und erzählt ihm, dass man an Schlaflosigkeit leidet oder „ein Probleme hat". Man hat ein Auto, man hat eine Frau, man hat Kinder, man hat ein Haus – und man hat eben auch ein Problem. Es ist unsere Art zu denken und zu fühlen, die ganze Betonung auf *Haben* statt auf das *Sein* zu legen. Wir *haben* viel, aber wir *sind* wenig. Eine solche Einstellung führt zu Defätismus, auch wenn dieser uns nicht bewusst sein mag.

Obwohl wir alle zum Beispiel vorgeben, an die Demokratie zu glauben, bin ich davon überzeugt, dass viele Menschen unter Demokratie nur „Zustimmung ohne Anwendung von Gewalt" verstehen, nicht aber an Demokratie als freiwillige, aktive, produktive Teilhabe verantwortlicher Bürger glauben. Wir alle wiederholen nur Formeln, in denen bestenfalls ein halbherziger Glaube zum Ausdruck kommt. Die Folge davon ist, dass wir unsicher sind und kein Identitätserleben spüren, das in unseren eigenen Überzeugungen und in unserem Glauben begründet ist. Unser Identitätserleben spüren wir nur, wenn wir konform gehen. Ich weiß dann, dass ich ich bin – nicht weil ich eine Überzeugung habe und etwas intensiv spüre, sondern weil ich wie alle anderen bin. Und wenn ich mich nur einen Meter von der Herde entfernt vorfinde, dann verunsichert mich dies sehr, denn ich weiß dann nicht mehr, wer ich bin. [...]

Was sind die ethischen Forderungen unserer Zeit? Zuerst muss die „Verdinglichung" überwunden werden – oder, um einen Fachbegriff zu gebrauchen, die „Materialisierung" des Menschen; unsere Gleichgültigkeit, unsere Entfremdung vom Nächsten, von der Natur und von uns selbst, muss überwunden werden. Zweitens müssen wir wieder ein neues Gefühl des „Ichseins", des Selbst, der Erfahrung „Ich bin" erhalten, statt dem Automatengefühl zu unterliegen, in dem wir uns der Illusion des „*ich* denke, was ich denke" hingeben, während wir uns tatsächlich eher wie jemand verhalten, der eine Platte auflegt und glaubt, die Musik auf der Platte sei von *ihm.*

Ein weiteres Ziel ist die Kreativität. Was heißt schöpferisch? Meistens versteht man darunter die Fähigkeit, Gemälde, Romane, Bilder, Kunstwerke, Ideen hervorzubringen. Selbstverständlich ist das eine Sache des Lernens und der Umwelt sowie auch der Veranlagung. Es gibt aber eine andere Art des Schöpferischen, eine Haltung nämlich, die die Voraussetzung ist für das Schöpferische im vorgenannten Sinne. Während dieses die Fähigkeit ist, die schöpferische Erfahrung auf die materielle Ebene zu übertragen, indem man sie auf der Leinwand oder sonst wie zum Ausdruck bringt, bezieht sich die Kreativität, um die es hier geht, auf eine Haltung, die leicht zu definieren ist: bewusst zu sein und zu antworten. Das klingt sehr simpel, und ich glaube, die meisten würden sagen: „Selbstverständlich bin ich gewillt zu antworten." Bewusst zu sein bedeutet, *wirklich* bewusst zu sein – wahrzunehmen, was ein Mensch in Wirklichkeit ist, wahrzunehmen, dass „eine Rose eine Rose ist", wie Gertrude Stein sagte – einen Baum als Baum wahrzunehmen und nicht als etwas, das zum *Wort* Baum passt, so wie die meisten unter uns die Dinge wahrnehmen.

Ich will hier ein Beispiel anführen: Eines Tages kam eine Frau, die ich analysierte, überaus begeistert zu der verabredeten Sitzung. Sie hatte in der Küche Erbsen geschält und berichtete mir: „Wissen Sie, zum ersten Mal in meinem Leben nahm ich bewusst wahr, dass Erbsen rollen." Wir alle wissen, dass Erbsen rollen, wenn sie sich auf einer geneigten Unterlage befinden. Wir alle wissen, dass ein Ball und andere runde Gegenstände rollen; was aber wissen wir wirklich? In unserem Kopf wissen wir, dass ein runder Gegenstand auf der geneigten Oberfläche rollt. Wir sehen das Phänomen und stellen fest, dass die Tatsachen mit dem, was wir gesehen haben, übereinstimmen; dies unterscheidet sich jedoch sehr von der schöpferischen Erfahrung beim wirklichen *Sehen* der Bewegung. Kinder können das. Aus diesem Grund können sie immer und immer wieder mit einem Ball spielen; denn sie langweilen sich noch nicht, sie *denken* noch nicht darüber nach, und es ist für sie eine so wunderbare Erfahrung, dass sie es immer und immer wieder sehen können.

Diese Fähigkeit des Wahrnehmens und Antwortens ist das Wesen des Schöpferischen. Meiner Ansicht nach ist eines der wichtigsten ethischen Probleme unserer Zeit, unsere Mitmenschen und uns selbst dazu zu erziehen, dass wir wahrnehmen und antworten. Ein weiterer, damit verbundener Aspekt ist die Fähigkeit des Sehens: sich zu einem Menschen in Beziehung zu setzen, statt ihn als Objekt zu sehen. Mit anderen Worten: Wir müssen den Grundstein für eine neue Wissenschaft vom Menschen legen, die den Menschen nicht mehr nur mit den Methoden der Naturwissenschaft betrachtet, sondern ihn auch im Akt der Liebe, durch Empathie und wirkliches Sehen von Mensch zu Mensch zu begreifen sucht.

Der Mensch ist kein Ding!

Wenn der Mensch ein Ding wäre, könnte man fragen, was er sei, und ihn definieren, wie man einen Gegenstand in der Natur oder ein industrielles Erzeugnis definiert. Der Mensch ist aber kein Ding und kann auch nicht wie ein Ding definiert werden. Die Frage lautet also richtig: Wer ist der Mensch?

Allerdings wird der Mensch sehr häufig als Ding gesehen. Man sagt von ihm, er sei Arbeiter, Fabrikdirektor, Arzt usw., doch damit wird lediglich seine gesellschaftliche Funktion bezeichnet, und der Mensch wird nach seiner Tätigkeit in seiner gesellschaftlichen Stellung eingeordnet.

Der Mensch ist kein Ding, sondern ein Lebewesen, das in einem fortdauernden Entwicklungsprozess begriffen ist. An jedem Punkt seines Lebens ist er noch nicht das, was er sein kann und was er möglicherweise werden wird.

Der Mensch kann zwar nicht wie ein Tisch oder wie eine Uhr definiert werden; er ist aber auch nicht ganz undefinierbar. Man kann mehr über ihn aussagen, als dass er kein Ding sei, sondern ein lebendiger Organismus. Der wichtigste Aspekt einer Definition des Menschen liegt darin, dass der Mensch mit seinem Denken über die Befriedigung seiner Bedürfnisse hinausreichen kann. Das Denken ist für ihn nicht – wie für das Tier – nur ein Mittel, um gewünschte Güter zu erlangen, sondern es ist auch ein Mittel, um die Realität des eigenen Daseins und der Umwelt zu entdecken, unabhängig von Vorlieben oder Abneigungen. Mit anderen Worten: Der Mensch besitzt nicht nur Intelligenz wie das Tier, sondern er ist mit Vernunft *(reason)* begabt, und die Funktion der Vernunft ist es, die Wahrheit zu erkennen. Wenn sich der Mensch von der Vernunft leiten lässt, handelt er sowohl als körperliches wie auch als geistiges Wesen zu seinem eigenen Besten.

Die Erfahrung beweist jedoch, dass viele Menschen, von Habgier und Eitelkeit verblendet, in ihrem Privatleben nicht vernunftgemäß handeln. Was schlimmer ist: Nationen handeln noch weniger vernunftorientiert, weil die Demagogen den Bürger nur zu leicht vergessen lassen, dass er ihrem Rat folgt. Viele Nationen sind untergegangen, weil sie unfähig waren, sich von den irrationalen Leidenschaften zu befreien, die ihre Handlungsweise bestimmten, und weil sie es nicht fertig brachten, sich von der Vernunft leiten zu lassen. Hier lag die wichtige Funktion der Propheten des Alten Testaments. Sie sagten nicht die Zukunft voraus, wie man es von Propheten gemeinhin annimmt, sondern sie verkündeten das Wahre und wiesen damit indirekt auf die zukünftigen Folgen der gegenwärtigen Handlungsweise des Volkes hin.

Da der Mensch kein Ding ist, das man gewissermaßen von außen beschreiben könnte, kann man ihn nur aus der eigenen Erfahrung des Menschseins heraus definieren. Die Frage „Wer ist der Mensch?“ führt somit zu der Frage „Wer bin ich?“ Wenn wir nicht in den Irrtum verfallen wollen, den Menschen als Ding zu behandeln, kann die Antwort auf die Frage „Wer bin ich?“ nicht anders lauten als „ein Mensch“.

Die meisten Menschen haben freilich diese Identität nicht erlebt. Sie machen sich alle möglichen illusorischen Bilder von sich selbst, von ihren Eigenschaften und ihrer Identität. Gelegentlich antworten sie auch: „Ich bin Lehrer“, „ich bin Arbeiter“, „ich bin Arzt“; aber diese Auskunft über die Tätigkeit eines Menschen sagt uns nichts über ihn selbst und birgt keine Antwort auf die Frage: „Wer ist er?“, „Wer bin ich?“

Hier erhebt sich eine weitere Schwierigkeit. Jeder geht gesellschaftlich, moralisch, psychologisch usw. in einer bestimmten Richtung. Wann und wie kann ich wissen, ob die Richtung, die der andere eingeschlagen hat, seine endgültige Marschrichtung ist oder ob er diese Richtung unter dem Einfluss bestimmter einschneidender Erfahrungen ändern kann und wird? Dies entspricht der Frage, an welchem Punkt der Mensch so festgelegt sei, dass man zu Recht behaupten kann, er sei der, der er ist, und werde niemals anders sein. Statistisch gesehen wäre es vielleicht möglich, dies von vielen Menschen zu sagen; aber kann man es von jedem sagen bis zum Tage seines Todes, und kann man es selbst dann sagen, wenn man bedenkt, dass er hätte anders werden können, wenn er länger gelebt hätte?

Der Mensch lässt sich auch noch auf andere Weise definieren. Man kann auch sagen, der Mensch wird von zwei Arten der Leidenschaften und Triebe bestimmt. Die eine Art hat biologische Ursprünge und ist bei allen Menschen im wesentlichen gleich. Sie umfasst den Willen zu überleben, und darunter fällt das Verlangen nach Stillung von Hunger und Durst, nach Schutz, nach irgendeiner Form der Sozialstruktur und – in weit weniger zwingendem Maß – nach Sex. Die Leidenschaften der anderen Art sind nicht biologisch verwurzelt und nicht für alle Menschen dieselben. Sie entstehen aus verschiedenartigen Sozialstrukturen. Solche Leidenschaften sind Liebe, Freude, Solidarität, Neid, Hass, Eifersucht, Konkurrenzdenken, Habgier usw. Beim Hass müssen wir zwischen reaktivem und endogenem Hass unterscheiden. Die Begriffe werden hier wie bei der endogenen Depression im Gegensatz zur reaktiven Depression gebraucht. Reaktiver Hass ist die Reaktion auf einen Angriff oder eine Bedrohung des Menschen selbst oder seiner Gruppe und fällt meist in sich zusammen, wenn die Gefahr vorüber ist. Endogener Hass ist ein Charakterzug. Ein von solchem Hass erfüllter Mensch sucht eher nach Handlungsmöglichkeiten, bei denen er den Hass ausleben kann, als nach einer Motivation durch Handlungen, die diesen Hass entstehen lassen.

Im Gegensatz zu biologisch begründeten Leidenschaften sind die genannten gesellschaftlich verwurzelten Leidenschaften ein Produkt besonderer Sozialstrukturen. In einer Gesellschaft, in der eine ausbeuterische Minderheit über eine wehrlose, arme Mehrheit herrscht, sind beide Seiten von Hass geprägt. Dass es die Ausgebeuteten sind, bedarf keiner Erläuterung. Die herrschende Minderheit dagegen hasst aus Furcht vor der Rache der Unterdrückten, aber auch weil sie die Massen hassen muss, um ihr eigenes Schuldgefühl zu ersticken und die Richtigkeit ihres ausbeuterischen Verhaltens zu beweisen. Hass kann nicht verschwinden, solange Gerechtigkeit und Gleichheit nicht aufgerichtet sind, ebenso wie die Wahrheit nicht aufgerichtet werden kann, solange man lügen muss, um die Verletzungen der Prinzipien von Gleichheit und Gerechtigkeit zu rechtfertigen.

Manche Menschen behaupten zwar, Prinzipien wie Gleichheit und Gerechtigkeit seien Ideologien, die sich im Lauf der Geschichte entwickelt hätten und nicht zur natürlichen Grundausstattung des Menschen gehörten. Diese Ansicht kann hier nicht im Einzelnen widerlegt werden, doch eines sei hervorgehoben: Dass die Menschen im tiefsten Inneren mit einem Gefühl für Gleichheit und Gerechtigkeit begabt sind, geht daraus hervor, dass sie empfindlich sind, wenn eine feindliche Gruppe die Prinzipien von Gleichheit und Gerechtigkeit verletzt. Die Empfindlichkeit des menschlichen Gewissens zeigt sich nirgends deutlicher als in der Reaktion der meisten Menschen auf noch so geringe Verstöße gegen Gerechtigkeit und Gleichheit, immer vorausgesetzt, dass sie nicht selbst solcher Verstöße beschuldigt werden. So findet das Gewissen in den Anklagen einer nationalen Gruppe gegen ihren Feind eine kraftvolle Stimme. Wenn die Menschen kein natürliches Moralempfinden besäßen – warum würden sie dann wohl zu heftigen Leidenschaften aufgestachelt, sobald man ihnen zu Recht oder zu Unrecht von Gräueln berichtet, die der Feind angeblich verübt hat?

Eine weitere Definition des Menschen besagt, er sei das Lebewesen, bei dem das Handeln kaum mehr dem Instinkt unterliege. Sicher finden sich Reste instinktiver Motivationen beim Menschen, beispielsweise Hunger und Geschlechtlichkeit. Aber nur dann, wenn das Überleben des Einzelnen und der Gesamtheit gefährdet ist, lässt sich der Mensch in hohem Maß von Instinkten leiten. Die meisten

Leidenschaften, die den Menschen motivieren, etwa Ehrgeiz, Neid, Eifersucht, Rachsucht, entspringen und nähren sich aus gewissen gesellschaftlichen Konstellationen. Die Stärke dieser Leidenschaften lässt sich daran abschätzen, dass sie intensiver sein können als der Überlebensinstinkt. Die Menschen sind bereit, ihr Leben für ihren Hass und Ehrgeiz, aber auch für ihre Liebe und Loyalität hinzugeben.

Die schrecklichste aller menschlichen Leidenschaften, der Trieb, einen anderen Menschen auf Grund der eigenen Machtüberlegenheit für selbstsüchtige Zwecke zu benutzen, ist kaum etwas anderes als eine verfeinerte Form des Kannibalismus. Die neolithischen Gesellschaften, in denen es nicht möglich war, einen anderen für eigene Zwecke auszubeuten, kannten diese Leidenschaft nicht. Für fast alle heute lebenden Menschen ist es ein sehr seltsamer und beinahe unfassbarer Gedanke, dass es eine historische Zeitspanne gab, in der der Mensch nicht ausbeutungslüstern war und nicht ausgebeutet wurde. Und doch war es so! In den frühen Kulturen der Ackerbauern und Jäger hatten alle genug zum Leben, und es wäre sinnlos gewesen, Dinge anzuhäufen, denn Privatbesitz hätte nicht als Kapital investiert werden und Macht verleihen können. Diese Tatsachen spiegeln sich legendenhaft im Alten Testament. In der Wüste wurden die Kinder Israels mit Manna gespeist. Es gab genug davon, und jeder durfte so viel essen, wie er mochte, aber das Manna konnte nicht gehortet werden. Was nicht am gleichen Tag verzehrt wurde, verdarb und verschwand. Eine Spekulation auf künftige Mannalieferungen wäre völlig sinnlos gewesen. Güter wie Getreide oder Geräte verschwinden jedoch nicht wie Manna, sie können gehortet werden und verleihen schließlich denjenigen Macht, die am meisten davon besitzen. Erst als der Überschuss ein gewisses Maß überstieg, wurde es sinnvoll, Macht über andere Menschen auszuüben, um sie zu zwingen, der machthabenden Klasse Arbeit zu leisten und sich mit einem Subsistenzminimum als ihrem Anteil zu begnügen.

Nach dem Sieg der patriarchalischen Ordnung waren Sklaven, Arbeiter und Frauen die hauptsächlichen Ausbeutungsobjekte. Erst wenn der Mensch für seinen stärkeren Mitmenschen kein Konsumartikel mehr ist, kann die kannibalische Vorgeschichte enden und die wahrhaft menschliche Geschichte beginnen.

Dieser Wandel erfordert, dass wir uns voll bewusst werden, wie verbrecherisch unsere kannibalischen Sitten und Gebräuche sind, und dieses volle Bewusstsein bleibt wirkungslos, wenn es nicht mit umfassender Reue einhergeht. Reue ist mehr als Bedauern. Reue ist ein starker Affekt: Der reuige Mensch empfindet Ekel vor sich selbst und vor seinen Taten. Echte Reue und die damit verbundene Scham sind die einzigen menschlichen Erfahrungen, die verhindern können, dass dasselbe Verbrechen immer wieder begangen wird. Wenn Reue fehlt, entsteht der Eindruck, das Verbrechen sei nie verübt worden. Aber wo finden wir echte Reue? Bereuten die Israeliten den Völkermord an den kanaanitischen Stämmen? Bereuten die Amerikaner die fast vollständige Ausrottung der Indianer? Seit Jahrtausenden lebt der Mensch in einem System, in dem der Sieger nicht zu bereuen braucht, weil Macht mit Recht gleichbedeutend ist. Die Verbrechen, die wir selbst, unsere Zeitgenossen und unsere Vorfahren begangen haben, sei es tatsächlich oder durch unser Stillschweigen, sollten jedermann deutlich ins Bewusstsein rücken. Sie müssen in offener und – ich möchte fast sagen – ritualistischer Sprache eingestanden werden. Die römisch-katholische Kirche bietet die Möglichkeit für das Sündenbekenntnis des Einzelnen und gibt damit der Stimme des Gewissens Raum. Aber die Einzelbeichte genügt nicht, weil sie jene Verbrechen nicht berührt, die von einer Gruppe, Klasse oder Nation begangen werden und insbesondere vom souveränen Staat, der den Forderungen des Gewissens nicht unterliegt. Wenn wir uns nicht zu „nationalen Schuldbekenntnissen" entschließen, werden die Menschen weiterhin im Althergebrachten beharren und ein scharfes Empfinden für die Verbrechen der Feinde haben, aber blind sein für die Verbrechen des eigenen Volks. Wie kann der Einzelne ernstlich anfangen, die Gebote des Gewissens zu befolgen, wenn die Nationen, die sich doch zu Vertretern der Moral aufwerfen, ohne Achtung vor dem Gewissen handeln? Dies kann nur dazu führen, dass die Stimme des Gewissens in jedem einzelnen Staatsbürger zum Schweigen gebracht wird, denn das Gewissen ist so unteilbar wie die Wahrheit.

Wenn der menschliche Verstand richtig arbeiten soll, darf er nicht von irrationalen Leidenschaften beherrscht sein. Intelligenz bleibt Intelligenz, auch wenn sie für böse Zwecke eingesetzt wird. Vernunft dagegen, das Wissen um die Realität, wie sie ist, und nicht, wie wir sie sehen möchten, damit sie für unsere Zwecke nützlicher ist – diese Vernunft wirkt nur in dem Maß, in dem irrationale Leidenschaften überwunden werden, das heißt in dem Maß, in dem der Mensch wahrhaft menschlich geworden ist und seine Handlungen nicht mehr von irrationalen Leidenschaften als Haupttriebkräften bestimmt werden.

Hier stoßen wir auf die wichtige Frage nach den Leidenschaften, die für das Überleben der Menschheit notwendig sind. Aggression und Destruktivität können zwar dazu dienen, dass eine Gruppe eine andere vernichtet und selbst überlebt, aber es ist etwas anderes, wenn wir die ganze Menschheit ins Auge fassen. Würde sich Aggression allgemein verbreiten, so würde sie nicht nur zum Untergang der einen oder anderen Gruppe, sondern schließlich zum Erlöschen des Menschengeschlechts führen. Früher war dieser Gedanke Gegenstand realitätsfremder, bloßer Spekulation. Heute ist das Überleben der Menschheit als solcher in Frage gestellt, da der Mensch die Mittel zur Selbstvernichtung besitzt und tatsächlich mit dem Gedanken an diese Tat spielt, weil die Liebe zum Leben auf einen Tiefstand abgesunken ist. Heute kann man sagen, dass das Prinzip vom Überleben des Stärkeren – das ungezügelte Geltungsbedürfnis souveräner Staaten – zur Ausrottung aller führen kann. [...]

Schon oft wurde behauptet, der Mensch sei grenzenlos formbar, und auf den ersten Blick scheint dies zuzutreffen. Eine Übersicht über das menschliche Verhalten durch die Zeiten zeigt uns, dass es vom Erhabensten bis zum Gemeinsten praktisch nichts gibt, das der Mensch nicht tun könnte und nicht getan hätte. Aber die Aussage über die Formbarkeit des Menschen bedarf einer Einschränkung. Jede Verhaltensweise, die nicht der Entwicklung und Vervollkommnung des Menschen dient, fordert ihren Preis. Der Ausbeuter fürchtet sich vor dem Ausgebeuteten; der Mörder fürchtet die Isolierung als Folge seiner Tat, selbst wenn es nicht die Isolierung im Gefängnis ist; der Zerstörer fürchtet sein Gewissen; der freudlose Konsument befürchtet, nur zu existieren und nicht zu leben.

In dem Satz, der Mensch sei grenzenlos formbar, liegt beschlossen, dass er physiologisch lebendig, aber menschlich verkrüppelt sein kann, und ein solcher Mensch ist unglücklich, er entbehrt die Freude, er ist von Groll erfüllt und wird dadurch destruktiv. Erst wenn er aus dieser Verstrickung befreit wird, erschließt sich ihm wieder die Möglichkeit der Freude. Von genetisch bedingten, pathologischen Zuständen abgesehen, wird der Mensch seelisch gesund geboren. Er wird erst von denen verbogen, die nach vollständiger Herrschaft streben, die das Leben hassen und das Lachen der Freude nicht ausstehen können. Haben sie dann das Kind zum Krüppel gemacht, so haben sie einen guten Vorwand für ihre feindselige Einstellung, die nicht als Ursache, sondern als Folge des Fehlverhaltens des Kindes erklärt wird.

Warum sollte jemand einen anderen zum Krüppel machen wollen? Die Antwort auf diese Frage ist in dem zu suchen, was über den heute noch vorhandenen Kannibalismus gesagt wurde. Ein verbogener Mensch lässt sich leichter ausnutzen als ein starker Mensch. Der Starke kann zurückschlagen, der Geschwächte nicht; er ist der Böswilligkeit des Mächtigen hilflos ausgeliefert. Je mehr eine herrschende Gruppe die Beherrschten knebelt, um so einfacher ist es, sie auszubeuten, das heißt, sie wie Nahrung für die eigenen Zwecke auszunützen.

Da der Mensch mit Vernunft begabt ist, kann er seine Erfahrung kritisch analysieren und erkennen, was seiner Entwicklung dient und was sie behindert. Er erstrebt eine möglichst harmonische Entfaltung all seiner geistigen und körperlichen Kräfte mit dem Ziel, einen Zustand des Wohl-Seins zu erreichen. Das Gegenteil von Wohl-Sein ist Niedergeschlagenheit oder Depression, wie Spinoza dargelegt hat. Danach ist Freude ein Produkt der Vernunft und Niedergeschlagenheit oder Depression eine Folge falscher Lebensweise. Wenn das Alte Testament den Israeliten als schwere Sünde vorwirft, sie seien im Überfluss ohne Freude gewesen, bestätigt es dieses Prinzip in denkbar klarer Weise.

Die *Grundwerte der Industriegesellschaft* stehen im Konflikt mit dem Wohl-Sein des Menschen. Welches sind die Grundwerte der Industriegesellschaften?

Ein erster Grundwert ist die *Beherrschung der Natur*. Beherrschte aber die vorindustrielle Gesellschaft nicht ebenfalls die Natur? Selbstverständlich, sonst wäre der Mensch schon längst verhungert. Die Beherrschung der Natur ist aber in der Industriegesellschaft anders, als sie in landwirtschaftlichen Gesellschaften war. Dies gilt insbesondere, weil die Industriegesellschaft die Natur durch die Technik beherrscht. Die Technik gründet sich auf den Gebrauch des Denkvermögens zur Produktion von Dingen. Sie ist der männliche Ersatz für den weiblichen Schoß. Am Anfang des Alten Testaments wird geschildert, wie Gott die Welt durch sein Wort erschuf, während in dem älteren babylonischen Schöpfungsmythos die Große Mutter die Welt gebiert.

Der zweite Grundwert im Wertsystem der Industriegesellschaft ist die *Ausbeutbarkeit des Menschen* mit Gewalt oder Belohnungen bzw. zumeist mit einer Kombination von beidem.

Der dritte Grundwert besagt, dass das *ökonomische Handeln Gewinn bringend* sein muss. In der Industriegesellschaft ist das Gewinnstreben nicht in erster Linie ein Ausdruck persönlicher Habgier, sondern ein Maßstab für die Richtigkeit des ökonomischen Verhaltens. Man produziert nicht für den Gebrauch, wenngleich die meisten Waren einen gewissen Gebrauchswert haben müssen, um verkäuflich zu sein, sondern man produziert, um Gewinn zu machen. Das heißt, das Ergebnis meiner ökonomischen Tätigkeit muss letzten Endes sein, dass ich mehr verdiene, als ich für die Herstellung oder den Erwerb des Verkaufsguts ausgegeben habe. Es ist ein weit verbreitetes Missverständnis, Gewinnstreben als persönlichen psychologischen Zug habgieriger Menschen darzustellen. Selbstverständlich kann es dies sein, ist dann aber nicht typisch für die Auffassung vom Gewinn in der modernen Industriegesellschaft. Der Gewinn ist lediglich ein Hinweis auf erfolgreiches ökonomisches Verhalten und damit ein Maßstab für geschäftliche Tüchtigkeit.

Ein klassisches Merkmal der Industriegesellschaft ist viertens der *Wettbewerb.* Die Entwicklung hat jedoch gezeigt, dass infolge zunehmender Zentralisierung und Größe einzelner Unternehmen – und zudem infolge von zwar ungesetzlichen, aber dennoch bestehenden Preisabsprachen – der Wettbewerb immer mehr einer Zusammenarbeit zwischen den Großfirmen weicht und heute eher zwischen zwei kleinen Einzelhandelsgeschäften als zwischen zwei Industriekonzernen auftritt. Unserem gesamten ökonomischen Handeln fehlt ein affektives Verhältnis zwischen Verkäufer und Käufer. Früher gab es noch eine Bezogenheit zwischen dem Händler und seinem Kunden. Der Händler interessierte sich für den Kunden, und der Verkauf war mehr als nur eine finanzielle Transaktion. Der Geschäftsmann empfand eine gewisse Befriedigung, wenn er der Kundschaft eine Ware verkaufte, die für sie nützlich und ansprechend war. Sicher gibt es das auch heute noch, aber es ist eher die Ausnahme und beschränkt sich im wesentlichen auf altmodische kleine Läden. Im Kaufhaus lächelt das Verkaufspersonal, wenn es ein teures Kaufhaus ist, und schaut gleichgültig drein, wenn es ein billiges Warenhaus ist. Es braucht nicht betont zu werden, dass das Lächeln unecht ist und mit den höheren Preisen bezahlt wird, die das Kaufhaus verlangt.

Als fünfter Punkt ist anzuführen, dass die *Fähigkeit zum Mitgefühl* in unserem Jahrhundert erheblich *zurückgegangen* ist. Vielleicht sollte man hinzufügen, dass auch die Leidensfähigkeit geschwunden ist. Damit meine ich natürlich nicht, dass die Menschen weniger litten als früher; sie sind sich selbst jedoch so sehr entfremdet, dass sie sich ihres Leidens gar nicht voll bewusst werden. Wie ein Mensch mit chronischen Schmerzen nehmen sie das Leiden als gegeben hin und werden es erst gewahr, wenn seine Intensität das Gewohnte übersteigt. Wir sollten aber nicht vergessen, dass das Leiden der einzige Affekt ist, der allen Menschen, ja vielleicht allen empfindungsfähigen Wesen wirklich gemeinsam zu sein scheint. Aus diesem Grund kann der Leidende, der die Universalität des Leidens erkennt, den Trost menschlicher Solidarität erlangen.

Es gibt sehr viele Menschen, die niemals Glück erlebt haben. Es gibt keinen, der nie gelitten hätte, auch wenn er sich verbissen bemüht, das Bewusstsein des Leidens zu verdrängen. Mitgefühl ist untrennbar mit Liebe zum Menschen verbunden. Wo keine Liebe ist, kann kein Mitgefühl sein. Das Gegenteil von Mitgefühl ist Gleichgültigkeit, und Gleichgültigkeit kann als pathologischer Zustand mit schizoiden Zügen bezeichnet werden. Was Liebe zu einem Einzelnen genannt wird, erweist sich oft lediglich als eine Bindung in Abhängigkeit; wer nur einen Menschen liebt, liebt keinen.

Grenzen psychologischer Erkenntnis

Ich möchte jetzt ein subtileres und schwierigeres Problem erörtern, das mit dem Interesse für Individualpsychologie und vor allem mit der großen Popularität der Psychoanalyse zusammenhängt. Die Frage lautet: *Inwieweit ist Psychologie* (das heißt: Erkenntnis des anderen und des eigenen Selbst) *möglich? Welche Grenzen sind dieser Erkenntnis gesetzt, und welche Gefahren ergeben sich, wenn die Grenzen nicht respektiert werden?*

Zweifellos entspricht der Wunsch, unsere Mitmenschen und uns selbst zu kennen, einem tiefen Bedürfnis des Menschen. Der Mensch lebt in sozialen Bezügen: Er hat das Bedürfnis, mit seinen Mitmenschen in Verbindung zu sein, um nicht wahnsinnig zu werden. Der Mensch ist mit Vernunft und Vorstellungsvermögen begabt. Seine Mitmenschen und er selbst stellen sich ihm als Problem, und er kann nicht umhin, die Lösung dieses Problems und die Aufdeckung dieses Geheimnisses zu versuchen.

Das Bemühen, den Menschen durch Nachdenken zu verstehen, wird als „Psychologie" – als „Erkenntnis der Seele" bezeichnet. Psychologie in diesem Sinn versucht die Kräfte, die dem menschlichen Verhalten zugrunde liegen, die Entwicklung des Charakters und die Umstände, die diese Entwicklung bestimmen, zu begreifen. Kurzum, sie sucht ein rationales Bild des Innersten jeder einzelnen Seele zu geben. Völlig rationales Erkennen ist jedoch nur bei Dingen möglich; Dinge können zerlegt werden, ohne dass man sie zerstört, sie können manipuliert werden, ohne dass ihr Wesen Schaden erleidet, und sie können reproduziert werden. *Der Mensch ist kein Ding,* er kann nicht auseinander genommen werden, ohne zerstört zu werden, er kann nicht manipuliert werden, ohne Schaden zu nehmen, und er kann nicht künstlich reproduziert werden. Während das Leben schon in seiner biologischen Dimension ein Wunder und Geheimnis ist, ist der Mensch in seiner menschlichen Dimension sich selbst und seinem Nächsten ein unergründbares Geheimnis. Wir kennen unseren Mitmenschen und uns selbst, und doch wissen wir nichts über ihn und uns – weil wir und unsere Mitmenschen keine Dinge sind. Je weiter wir in die Tiefe unseres eigenen Wesens oder das eines anderen Menschen vorstoßen, desto mehr entzieht sich uns das Ziel, zur vollen Erkenntnis zu gelangen. Und doch können wir von dem Wunsch nicht lassen, in das Geheimnis der menschlichen Seele, in den Kern des Menschen einzudringen.

Was bedeutet es denn, uns selbst oder einen anderen Menschen zu erkennen? Um es mit wenigen Worten zu sagen: Sich selbst erkennen heißt, die Illusionen über sich selbst aufzugeben; unseren Nächsten erkennen heißt, die „parataktischen Entstellungen" zu überwinden, die wir in der Übertragung von ihm haben. Wir alle leiden mehr oder weniger an Illusionen über uns selbst. Wir sind in Phantasievorstellungen unserer Allwissenheit und Allmacht befangen, die wir als ganz real erlebten, als wir noch Kinder waren. Wir rationalisieren unsere schlechten Motive damit, dass sie der Güte, Pflicht oder Notwendigkeit entsprängen. Unsere Schwäche und Furcht hat angeblich „gute Gründe", und unsere Beziehungslosigkeit gründet in der Gleichgültigkeit der anderen. Mit unseren Mitmenschen verfahren wir ebenso entstellend und rationalisierend. Unser Mangel an Liebe lässt sie uns feindselig erscheinen, obwohl sie lediglich scheu sind; unsere Unterwürfigkeit verwandelt sie in herrschsüchtige Monstren, während sie sich nur uns gegenüber selbst behaupten; unsere Furcht vor Spontaneität lässt uns urteilen, dass sie kindisch sind, während sie in Wirklichkeit nur kindhaft und spontan sind.

Wenn wir mehr über uns erfahren wollen, dann müssen wir die zahlreichen Schleier ablegen, die es uns unmöglich machen, unseren Nächsten deutlich zu sehen. Ein Schleier nach dem anderen müsste gelüftet, eine Entstellung nach der anderen beseitigt werden.

Die Psychologie kann uns zeigen, was der Mensch *nicht* ist. Sie kann uns nicht erklären, was der Mensch *ist.* Die Seele des Menschen, der einmalige Wesenskern eines Individuums kann niemals erfasst und zureichend beschrieben werden. Sie ist nur soweit „erkennbar", wie sie nicht falsch verstanden wird. So ist das legitime Ziel der Psychologie ein negatives: die Beseitigung von Entstellungen und Illusionen, nicht ein positives, nämlich die volle und ganze Erkenntnis des menschlichen Wesens.

Es gibt aber noch einen anderen Weg, der zur Erschließung des menschlichen Geheimnisses führt; dieser Weg ist nicht der des Nachdenkens, sondern der der *Liebe.* Liebe ist das aktive Durchdringen eines anderen, bei dem mein Wunsch nach Erkenntnis durch Vereinigung gestillt wird. (Dies ist genau die Bedeutung des biblischen *daat* [„Erkenntnis"] im Gegensatz zum allgemeinen *ahabah* [„Liebe"].) In der Vereinigung erkenne ich dich, erkenne ich mich, erkenne ich alle – und ich „weiß" doch nichts. Ich erkenne auf die einzige Weise, in der dem Menschen Erkenntnis des Lebendigen möglich ist – durch die Erfahrung von Einheit, nicht durch ein Wissen, das aus dem Denken kommt. Der einzige Weg zu ganzer Erkenntnis liegt im *Tun* der Liebe. Dieses Tun übersteigt Denken und Worte. Es ist der wagemutige Sprung in das Wesen des anderen – oder in mein eigenes.

Psychologisches Wissen kann eine *Voraussetzung* für die volle Erkenntnis im Tun der Liebe sein. Ich muss mich und den anderen objektiv kennen, um ihn in seiner Realität wahrzunehmen und um die Illusionen, das irrational entstellte Bild, das ich von ihm habe, zu überwinden. Wenn ich von einem weiß, wie er ist, oder vielmehr, wie er nicht ist, dann kann ich sein innerstes Wesen im Akt der Liebe erkennen.

Die Fähigkeit zur Liebe ist nicht leicht zu erlangen. Wie versucht der Mensch, der nicht lieben kann, in das Geheimnis seines Mitmenschen einzudringen? Es gibt eine verzweifelte Möglichkeit, dies zu erreichen: Sie besteht darin, den anderen völlig in seine Gewalt zu bekommen, ihn mit Macht dazu zu bringen, das zu tun, was wir wollen, das zu fühlen, was wir wollen, das zu denken, was wir wollen, so dass er in ein Ding, in unseren Besitz verwandelt wird. Dieser äußerste Versuch, den anderen zu „erkennen", ist bei extremen Formen des Sadismus gegeben, im Wunsch und in der Fähigkeit, ein menschliches Wesen leiden zu lassen, es zu quälen, es zu zwingen, in seinem Leiden sein Geheimnis preiszugeben. Dieses Verlangen, in das Geheimnis eines anderen Menschen und damit in das eigene Geheimnis einzudringen, ist im Wesentlichen die Motivation für die Tiefe und Intensität der Grausamkeit und Destruktivität. Isaac Babel hat diesen Gedanken prägnant zum Ausdruck gebracht. Er zitiert einen Offizierskameraden im Russischen Bürgerkrieg, der, nachdem er seinen früheren Herrn zu Tode getrampelt hatte, sagte: „Ich würde sagen, mit Schießen schafft man sich so einen Kerl nur vom Hals ... aber mit Schießen kommt man nicht an die Seele heran, wo die in dem Kerl ist und wie sie sich zeigt. Aber ich schon' mich nicht und ich hab' schon mehr als einmal auf einem Feind über eine Stunde lang herumgetrampelt. Weißt du, ich möchte herauskriegen, was das Leben wirklich ist, was das mit unserem Leben so auf sich hat" (I. Babel, 1955, S. 106).

Weil aber Sadismus und Destruktivität durch den Wunsch motiviert werden, gewaltsam in das Geheimnis eines Menschen einzudringen, kann dieser Weg niemals zu dem gewünschten Ziel führen. Füge ich meinem Mitmenschen Leiden zu, so wächst die Distanz zwischen ihm und mir bis zu einem Punkt, an dem keine Erkenntnis mehr möglich ist. Sadismus und Destruktivität sind pervertierte, hoffnungslose und tragische Versuche, den Menschen zu erkennen. (Bei Kindern sehen wir diesen Weg zur Erkenntnis ganz deutlich und als Teil des normalen Wunsches des Kindes, sich in einer Welt der physischen Realität zu orientieren. Das Kind nimmt einen Gegenstand, zerlegt ihn, um ihn zu erforschen, um sein Geheimnis zu ergründen; oder es zerlegt ein Tier, reißt grausam die Flügel eines Schmetterlings aus, um ihn kennen zu lernen, um ihm sein Geheimnis zu entreißen. Die offensichtliche Grausamkeit hat ein tieferes Motiv: den Wunsch, das Geheimnis der Dinge und des Lebens kennen zu lernen.)

Das Problem der Erkenntnis des Menschen hat eine Analogie im theologischen Problem der Gotteserkenntnis. Die negative Theologie behauptet, dass keine positiven Aussagen über Gott gemacht werden können. Das einzige Wissen von Gott ist das Wissen von dem, was er nicht ist. Maimonides lehrt deshalb, je mehr man wisse, was Gott nicht sei, desto mehr wisse man von Gott. Und Meister Eckhart sagt: „So vermag denn der Mensch überhaupt nicht zu wissen, was Gott ist. Etwas weiß er wohl: was Gott nicht ist“ (Meister Eckhart, 1934, S. 76). Eine Konsequenz dieser negativen Theologie ist die Mystik. Wenn im Denken keine volle Gotteserkenntnis erlangt werden kann, wenn die Theologie bestenfalls negativ ist, dann kann die positive Erkenntnis Gottes nur in der Vereinigung mit Gott erreicht werden.

Wird dieses Prinzip auf den Bereich der menschlichen Seele übertragen, so könnte man von einer „negativen Psychologie" sprechen und sagen, volle „Erkenntnis" sei nicht durch Denken, sondern nur im Tun der Liebe möglich. Wie die Mystik eine logische Folge der negativen Theologie ist, so ist die Liebe eine Folge der negativen Psychologie. Will man die Grenzen der Psychologie aufzeigen, so muss man auf die Gefahr hinweisen, die sich ergibt, wenn man diese Grenzen ignoriert. Der moderne Mensch ist einsam, ängstlich und wenig liebesfähig. Er möchte seinem Mitmenschen nahe sein, ist aber zu wenig auf ihn bezogen, als dass er ihm nahe sein könnte. Die Bande, die ihn oberflächlich mit seinen Mitmenschen verbinden, sind vielfältig und leicht aufrechtzuerhalten, aber eine Bezogenheit von Wesenskern zu Wesenskern, eine Bezogenheit aus der Mitte *(central relatedness)* gibt es kaum. Auf der Suche nach enger Verbundenheit will man Erkenntnis erlangen, und auf der Suche nach Erkenntnis findet man die Psychologie. Die Psychologie wird zum Liebesersatz, zum Ersatz für Intimität, für die Vereinigung mit anderen und mit sich selbst; sie wird zur Zuflucht für den einsamen, entfremdeten Menschen, statt dass sie ein Schritt zur Vereinigung ist.

Diese Ersatzfunktion der Psychologie wird angesichts der Popularität der Psychoanalyse deutlich. Die Psychoanalyse kann bei der Aufhebung der parataktischen Entstellungen bei uns selbst und anderen gegenüber äußerst nützlich sein. Sie kann eine Illusion nach der anderen auflösen helfen und so den Weg freimachen zu jenem Akt, den wir nur allein vollziehen können: zum „Mut zum Sein", zum Sprung, zum unbedingten Vertrauen. Nach seiner physischen Geburt muss der Mensch einen kontinuierlichen Geburtsprozess über sich ergehen lassen. Die Trennung vom

Mutterleib ist die erste Phase dieser Geburt, die von der Mutterbrust die zweite, die aus ihren Armen die dritte. Danach kann der Geburtsprozess zum Halten kommen. Der Mensch kann sich zu einem sozial angepassten und brauchbaren Mitglied der Gesellschaft entwickeln und dennoch geistig tot geboren sein. Wenn er sich zu dem entwickeln soll, was er potentiell als menschliches Wesen ist, dann muss er immer von neuem geboren werden, das heißt er muss seine primären Bindungen an Blut und Boden auflösen. Er muss von einem Akt der Loslösung und Trennung zum nächsten voranschreiten. Er muss Gewissheit und Geborgenheit aufgeben und den Sprung in den Akt des Vertrauens, des Betroffenseins und der Liebe wagen.

Häufig kommt es bei der psychoanalytischen Behandlung zu einem stillschweigenden Übereinkommen zwischen Therapeut und Patient, in der Annahme, es handle sich bei der Psychoanalyse um eine Methode zur Erreichung von Glück und Reife, bei der man dennoch den Sprung, die Tat, den Schmerz der Trennung vermeiden könne. Um die Analogie des Sprunges noch etwas weiterzuführen, könnte man die psychoanalytische Situation zuweilen mit derjenigen eines Mannes vergleichen, der schwimmen lernen möchte, aber vor dem Augenblick Angst hat, in dem er ins Wasser springen und sich dessen tragender Kraft anvertrauen muss. Er steht am Rand des Beckens und hört, wie sein Lehrer die Bewegungen erklärt, die er ausführen muss; das ist gut und unerlässlich, doch wenn wir sehen, wie er unablässig spricht und zuhört und wieder spricht, dann regt sich in uns der Verdacht, dass Reden und Zuhören die gefürchtete Handlung ersetzen sollen. Wie groß und wie tief der psychologische Einblick auch immer sein mag, er kann niemals an die Stelle des Tuns, des

Vertrauens, des Sprunges treten. Er kann darauf hinführen, die Vorbereitungen treffen, die Möglichkeit schaffen – und darin liegt die legitime Funktion der psychoanalytischen Arbeit. Sie darf indessen nicht versuchen, als Ersatz zu dienen für die verantwortliche Tat des Vertrauens, ohne das sich keine wahrhafte Veränderung im Menschen vollzieht.

Fasst man die Psychoanalyse in diesem Sinne auf, dann muss eine weitere Bedingung erfüllt werden. Der Analytiker muss seine eigene Entfremdung und die zu seinem Mitmenschen überwinden. Wie ich vorher ausgeführt habe, erfährt sich der Mensch als Ding, als Verkörperung von Energien, die er auf dem Markt Gewinn bringend einsetzen muss. Er erfährt seinen Mitmenschen als ein Ding, das für einen Gewinn bringenden Austausch zu gebrauchen ist. Psychologie, Psychiatrie und Psychoanalyse der Gegenwart sind in diesen universellen Prozess der Entfremdung mit einbezogen. Der Patient wird als Ding, als Summe vieler Teile gesehen. Einige dieser Teile sind schadhaft und müssen repariert werden, wie die Teile eines Autos der Reparatur bedürfen. Da und dort zeigt sich ein Defekt, den man als Symptom bezeichnet, und der Psychiater sieht es als seine Aufgabe an, die verschiedenen Defekte zu beheben oder zu korrigieren. Er sieht den Patienten nicht als eine einzigartige Totalität an, die nur durch wirkliche Bezogenheit und Empathie ganz zu verstehen ist. Soll die Psychoanalyse ihre tatsächlichen Möglichkeiten ausschöpfen, dann muss der Analytiker seine eigene Entfremdung überwinden, zwischen sich und seinem Patienten eine tiefgehende Beziehung von Kern zu Kern herstellen und dabei den Weg für dessen spontane Erfahrungen und ein „Verstehen" seiner selbst freilegen. Er darf den Patienten nicht als Objekt sehen, nicht bloß ein „teilnehmender Beobachter" sein; er muss eins mit ihm werden und zugleich seine Getrenntheit und Objektivität beibehalten, so dass er formulieren kann, was er in diesem Akt des Einsseins erfährt. Das letzte Verständnis kann nicht ganz in Worte gefasst werden; es ist keine „Deutung", die den Patienten als ein Objekt mit verschiedenen Defekten schildert und ihre Entstehung erklärt, sondern ein intuitives Erfassen. Es findet zuerst beim Analytiker und dann, wenn die Analyse erfolgreich sein soll, beim Patienten statt. Dieses Erfassen ist plötzlich; es ist ein intuitiver Akt, der durch viele verstandesmäßige Einsichten vorbereitet, aber niemals durch sie ersetzt werden kann. Wenn sich die Psychoanalyse in diese Richtung entwickeln will, dann hat sie noch unausgeschöpfte Möglichkeiten zur Umformung und geistigen Umwandlung des Menschen. Wenn sie die gesellschaftlich bedingte Entfremdung nicht überwindet, mag sie diesen oder jenen Schaden beheben, doch wird sie nur ein weiteres Werkzeug dazu sein, den Menschen noch mehr gleichzuschalten und ihn noch stärker an eine entfremdete Gesellschaft anzupassen.

III
Die Antwort der Liebe

Selbstsucht und Nächstenliebe

Selbstsucht ist in der modernen Kultur tabu. Man lehrt, dass Selbstsucht eine Sünde sei und Nächstenliebe eine Tugend. Die Lehre steht allerdings in krassem Widerspruch zur Praxis der heutigen Gesellschaft, und sie steht auch zu einer Reihe von anderen Lehren in Widerspruch, die behaupten, der mächtigste und zu Recht bestehende Trieb des Menschen sei die „Selbstsucht". Wer deshalb dem Verlangen dieses Triebes nachgebe, gebe sein Bestes für das Gemeinwohl. Diese Art Ideologie kommt freilich nicht gegen das Gewicht auf, mit dem andere Lehren behaupten, die Selbstsucht sei das Grundübel und die Nächstenliebe die höchste Tugend. Selbstsucht wird in diesen Ideologien fast als Synonym für Selbstliebe gebraucht. Die Alternative besteht darin, dass man entweder andere lieben könne, was eine Tugend sei, oder sich selbst, was Sünde sei.

Dieses Prinzip fand seine klassische Prägung in der Calvinischen Theologie, für die der Mensch ein von Grund auf böses und ohnmächtiges Wesen ist. Aufgrund eigener Kraft und eigener Anstrengung kann der Mensch absolut nichts Gutes hervorbringen. „Wir sind nicht unsere eigenen Herren", sagt Calvin (1955, III, 7.1, S. 446), „also darf bei unseren Plänen und Taten weder unsere Vernunft noch unser

Wille die Herrschaft führen. Wir sind nicht unsere eigenen Herren – also dürfen wir uns nicht das Ziel setzen, danach zu suchen, was uns nach dem Fleische nütze! Wir sind nicht unsere eigenen Herren – also sollen wir uns und alles, was wir haben, soweit irgend möglich, vergessen! Wir sind Gottes Eigentum – also sollen wir ihm leben und sterben! Denn die schädlichste Pestilenz, die die Menschen nur zugrunde richten kann, herrscht da, wo der Mensch sich selber gehorcht – und der einzige Hafen des Heils liegt dementsprechend darin, dass wir von uns aus nichts denken, von uns aus nichts wollen, sondern einzig dem Herrn folgen, wie er uns vorangeht!" [...]

Nach Calvin gibt es nichts, was der Mensch an sich lieben und achten sollte. Eine solche Lehre hat ihre Wurzeln in Selbstverachtung und Selbsthass. Calvin spricht das sehr deutlich aus: Er nennt die Eigenliebe „eine Pestilenz" (1955, III, 7.4, S. 449). Wenn der Mensch etwas entdeckt, durch das er an sich selbst Gefallen findet, kommt seine sündige Selbstliebe an den Tag. Diese Verliebtheit wird ihn dazu verführen, über andere zu richten und sie zu verachten. Es ist daher eine der größten Sünden, in sich selbst verliebt zu sein oder irgendetwas an sich selbst zu lieben. Nach Calvin schließt das die Liebe zu anderen aus und ist identisch mit Selbstsucht. Selbst die Nächstenliebe, eine der Grundlehren des Neuen Testaments, hat bei Calvin kein entsprechendes Gewicht. [...]

Die Doktrin, Selbstsucht sei ein Grundübel, und die Liebe zu sich selbst schließe die Liebe zu anderen aus, beschränkt sich nicht nur auf die Theologie. Sie wurde eine der Ideen, die man in der Familie und in der Schule, im Film und in Büchern immer wieder verkündete, überall dort, wo eine gesellschaftliche Beeinflussung denkbar war.

„Du darfst nicht selbstsüchtig sein" ist ein Satz, der Millionen von Kindern von Generation zu Generation eingehämmert wurde. Seine Bedeutung ist vage. Bewusst verbinden die meisten Eltern mit ihm die Bedeutung, dass man nicht egoistisch, nicht rücksichtslos, nicht ohne Interesse für andere sein soll. In Wirklichkeit aber meinen sie mehr als das. „Sei nicht selbstsüchtig" schließt ein: Tu nicht, was du selbst möchtest, sondern gib deinen eigenen Willen um der Autorität der Eltern – und später um der Autorität der Gesellschaft – willen auf. In letzter Konsequenz hat der Satz „sei nicht selbstsüchtig" den gleichen Doppelsinn, den wir schon im Calvinismus beobachtet haben. Von seinem offenkundigen Sinn abgesehen, bedeutet er: „Liebe dich nicht", „sei nicht du selbst", sondern unterwirf dich einem Etwas, das wichtiger ist als du selbst, unterwirf dich einer außer dir liegenden Macht oder ihrer Internalisierung, der „Pflicht". Der Satz „sei nicht selbstsüchtig" wird zu einem der mächtigsten ideologischen Werkzeuge, um die Spontaneität und die freie Entwicklung der Persönlichkeit zu unterdrücken. Unter dem Druck dieses Mottos wird man zu jeder Art Opfer und zur vollständigen Unterwerfung aufgefordert: Nur jene Handlungen gelten als „selbstlos", die nicht um des eigenen Selbst willen ausgeführt werden, vielmehr jemandem oder etwas außerhalb von mir selbst nützen.

Das bisher gezeichnete Bild ist in gewissem Sinn einseitig. Denn neben der Doktrin, man solle nicht selbstsüchtig sein, wird in der modernen Gesellschaft auch deren Gegenteil propagiert: Sei auf deinen eigenen Vorteil bedacht und handle so, wie es für dich am besten ist; tust du das, dann handelst du auch zum Vorteil aller anderen. Der Gedanke, dass die Praxis des Egoismus des einzelnen die Basis für eine Entwicklung zum Allgemeinwohl darstellt, ist das Prinzip, auf dem die Wettbewerbsgesellschaft aufbaut. Es ist erstaunlich, dass zwei sich anscheinend derart widersprechende Prinzipien in einem einzigen Kulturbereich nebeneinander bestehen können; an der Tatsache lässt sich aber kaum zweifeln. Eine Folge dieses Widerspruchs ist eine Verwirrung im einzelnen Menschen. [...]

Es lässt sich beobachten, dass diese sich widersprechenden, aber gleichzeitig vertretenen Doktrinen eine wichtige gesellschaftliche Funktion haben. Die Anschauung, dass jeder versuchen soll, sich seinen eigenen Vorteil zu verschaffen, war der notwendige Stimulus zur Eigeninitiative, auf die die moderne Wirtschaftsstruktur aufgebaut ist. Die gesellschaftliche Funktion der Doktrin „Sei nicht selbstsüchtig!" war doppeldeutig. Für die Masse derer, die an der Überlebensgrenze leben mussten, diente sie als wichtige Hilfe, auf Wünsche zu verzichten, deren Befriedigung unter dem gegebenen sozio-ökonomischen System nicht zu erreichen war. Dabei war es wichtig, dass bei einem solchen Verzicht erst gar nicht das Gefühl aufkam, dass er durch äußere Gewalt erzwungen werden musste; die unvermeidlichen Folgen eines solchen Gefühls wären sonst nämlich ein mehr oder weniger bewusster Groll und eine Widerspenstigkeit gegen die Gesellschaft. Gelang es, den Verzicht zu etwas Tugendhaftem zu machen, ließ sich eine solche Reaktion weitgehend vermeiden. [...]

Dass die Liebe zu sich selbst mit „Selbstsucht" identisch und die Alternative zur Nächstenliebe sei, diese Auffassung hat sich im täglichen Leben durchgesetzt. Es wäre sehr verwunderlich, wenn sich die gleiche Doktrin nicht auch in der wissenschaftlichen Psychologie wiederfände, hier freilich als eine angeblich objektive Tatsachenfeststellung. Ein treffendes Beispiel ist Freuds Narzissmustheorie.

Für Freud gibt es, kurz gesagt, ein bestimmtes Quantum an Libido. Beim kleinen Kind ist das Objekt der gesamten Libido ursprünglich das Kind selbst. Freud bezeichnet dies als „primären Narzissmus". Im Laufe seiner Entwicklung richtet sich die Libido von der eigenen Person weg auf andere Objekte. Sofern nun ein Mensch in seiner Objektbeziehung blockiert ist, wendet er die Libido wieder vom Objekt ab und der eigenen Person zu. In diesem Fall spricht Freud von „sekundärem Narzissmus". Nach Freud gibt es eine beinahe mechanische Alternative zwischen Ich-Liebe und Objekt-Liebe. Je mehr Liebe ich der äußeren Welt zuwende, desto weniger bleibt für mich, und umgekehrt. Auf diese Weise erklärt er das Phänomen des „Verliebtseins" als eine Schwächung der Selbstliebe, weil sich die gesamte Libido einem Objekt zuwendet, das außerhalb des eigenen Selbst liegt.

Freuds Narzissmustheorie bringt im Kern die gleiche Vorstellung zum Ausdruck, die in der protestantischen Religion, in der idealistischen Philosophie und im Alltagsverhalten der modernen Kultur bestimmend ist. Damit ist noch nichts darüber gesagt, ob sie richtig oder falsch ist. Allerdings bietet uns die Übersetzung eines allgemeinen Prinzips in die Kategorien der empirischen Psychologie eine gute Ausgangslage, dieses Prinzip einer Überprüfung zu unterziehen.

Folgende Fragen ergeben sich: Bestätigt die psychologische Beobachtung die These, nach der die „Liebe zu sich selbst" und „Liebe zu anderen" sich grundsätzlich widersprechen und sich gegenseitig ausschließen? Ist Selbstliebe dasselbe wie Selbstsucht? Gibt es einen Unterschied, oder sind sie in Wirklichkeit Gegensätze?

Ehe wir uns mit der empirischen Seite des Problems auseinandersetzen, muss von philosophischer Warte aus darauf hingewiesen werden, dass die Ansicht, Nächstenliebe und Selbstliebe schlössen sich aus, unhaltbar ist. Wenn es eine Tugend ist, meinen Nächsten als ein menschliches Wesen zu lieben, warum darf ich mich selbst nicht auch lieben? Ein Prinzip, das die Liebe zum Nächsten proklamiert, aber die Liebe zu sich selbst tabuisiert, schließt mich von allen anderen menschlichen Wesen aus. Die tiefste Erfahrung, zu der die menschliche Existenz fähig ist, ist jedoch gerade die Erfahrung von sich selbst als menschlichem Wesen. Es gibt keine menschliche Solidarität, bei der ich selbst nicht miteingeschlossen bin. Eine Doktrin, die mich ausschließen würde, beweist, dass sie in sich widersprüchlich ist. Der Gedanke „Liebe deinen Nächsten wie dich selbst", wie er in der Bibel (Lev 19,18) steht, bedeutet nichts anderes, als dass Achtung vor der eigenen Integrität und Einmaligkeit, Liebe zu sich selbst und ein Begreifen der eigenen Person nicht trennbar sind von der Achtung vor dem anderen, der Liebe zum anderen und dem Begreifen des anderen. Die Entdeckung der Liebe zu mir selbst ist untrennbar mit der Entdeckung der Liebe zu jedem anderen Menschen verbunden.

Damit sind wir bei den psychologischen Voraussetzungen angelangt, auf die die Schlussfolgerungen dieser Ausführungen aufgebaut sind. Ganz allgemein geht es um folgende Voraussetzungen: Nicht nur die anderen, sondern auch wir selbst sind ein „Objekt" unserer Gefühle und Haltungen; die Einstellung zu uns selbst und die Einstellung anderen gegenüber sind weit davon entfernt, gegensätzlich zu sein, sondern korrespondieren miteinander. Auf unsere Fragestellung angewandt, bedeutet dies: Die Liebe zu anderen und die Liebe zu uns selbst sind keine Alternativen, genauso wenig wie der Hass gegen andere und der Selbsthass Alternativen sind. Es ist im Gegenteil so, dass eine liebende Einstellung sich selbst gegenüber nur bei jenen zu finden ist, die wenigstens ansatzweise fähig sind, andere zu lieben. Auch der Hass gegen sich selbst ist unlösbar vom Hass gegen andere, auch wenn man bei oberflächlicher Betrachtung den umgekehrten Eindruck hat. Mit anderen Worten: Liebe wie auch Hass sind bezüglich ihrer Ausrichtung auf andere beziehungsweise auf sich selbst prinzipiell unteilbar.

Hass und Selbsthass

Um die These zu erläutern, dass Liebe und Hass unteilbar sind, muss das Problem von Hass und Liebe erörtert werden. Was den Hass betrifft, kann man zwischen dem „reaktiven" und dem „charakterbedingten Hass" unterscheiden.

Unter *„reaktivem Hass"* verstehe ich eine Hassreaktion aufgrund eines Angriffs auf mein Leben, meine Sicherheit, auf meine Ideale oder auf eine andere Person, die ich liebe oder mit der ich identifiziert bin. Reaktiver Hass setzt immer voraus, dass jemand eine positive Einstellung zum Leben, zu anderen Menschen und zu Idealen hat. Wer stark lebensbejahend ist, wird entsprechend intensiv reagieren, wenn sein Leben bedroht ist. Auch das Bedrohtsein eines geliebten Menschen ruft die gleiche hassende Reaktion gegen den Bedroher hervor. Jedes leidenschaftliche Streben nach etwas führt dann zu Hass, wenn das Objekt des Strebens angegriffen wird. Diese Art von Hassreaktion ist der Gegenpol zur Liebe. Sie wird durch eine besondere Situation geweckt, ihr Ziel ist es, den Angreifer auszuschalten, und sie hört auf, wenn der Angreifer besiegt ist. – Friedrich Nietzsche hat die kreative Funktion der Destruktivität in seiner Schrift *Ecce homo* (1911, Nr. 2) besonders hervorgehoben.

Der *„charakterbedingte Hass"* unterscheidet sich wesentlich vom reaktiven. Zwar entstand auch der in der Charakterstruktur wurzelnde Hass einmal als Reaktion auf bestimmte Erfahrungen, denen die betreffende Person in ihrer Kindheit ausgesetzt war. Doch wurde der Hass dann zu einem Charakterzug des Betreffenden, so dass er jetzt feindselig *ist.* Seine grundsätzliche Feindseligkeit ist selbst dann zu beobachten, wenn es keinen Grund zu einer manifesten Hassäußerung gibt. Es gibt etwas in seinem Gesichtsausdruck, in seinen Gesten, im Tonfall, in der Art, wie er scherzt, in kleinen, unbeabsichtigten Handlungen, die beim Beobachten den Eindruck einer grundsätzlichen Feindseligkeit verstärken, das sich als permanente *Bereitschaft* zu hassen beschreiben lässt. Diese Bereitschaft ist die Quelle, der aktiver Hass entspringt, sobald er durch einen besonderen Reiz angeregt wird. Diese Hassreaktion kann völlig rational sein – genau wie in Situationen, die wir zuvor als Voraussetzungen für den reaktiven Hass beschrieben. Es gibt jedoch einen wesentlichen Unterschied: Im Falle des reaktiven Hasses ist es die Situation, die den Hass *erzeugt*; im Falle des charakterbedingten Hasses hingegen wird eine nicht-aktivierte Feindseligkeit durch die Situation *aktualisiert.* Wird ein grundsätzlich vorhandener Hass aktualisiert, dann zeigt sich bei der betreffenden Person so etwas wie ein Gefühl der Erleichterung, so als wenn sie froh wäre, eine begründete Gelegenheit gefunden zu haben, um der schleichenden Feindseligkeit Ausdruck verleihen zu können. Ein solcher Mensch zeigt eine besondere Art von Befriedigung und Spaß, wenn er hasst, die bei reaktivem Hass fehlt.

Entsprechen sich äußere Situation und Hassreaktion, dann sprechen wir von einer „normalen" Reaktion, selbst wenn es sich um die Aktualisierung von charakterbedingtem Hass handelt. Zwischen dieser „normalen" Reaktion bis hin zu einer „irrationalen" Reaktion, wie wir sie bei neurotischen und psychotischen Menschen finden, befinden sich zahllose Zwischenformen, so dass keine scharfe Trennungslinie gezogen werden kann. Bei der irrationalen Hassreaktion scheint das Gefühl der aktuellen Situation nicht zu entsprechen. Dies sei mit einer Reaktion illustriert, die Psychoanalytiker immer wieder beobachten können: Ein Analysand muss zehn Minuten warten, weil sich der Analytiker verspätet hat. Der Analysand betritt dann den Raum wild vor Wut wegen der Kränkung, die ihm der Analytiker zugemutet hat. Noch extremer können psychotische Menschen reagieren; bei ihnen fällt die Disproportionalität noch stärker auf. Hier kommt es zu einem psychotischen Hassausbruch durch Situationen, die vom Standpunkt der Realität aus überhaupt nicht verletzend sind. Doch vom Standpunkt der Gefühle des Betreffenden aus ist das Tun des Analytikers tatsächlich verletzend. Die irrationale Reaktion ist deshalb nur aus der Perspektive der äußeren, objektiven Realität irrational, nicht aber von den subjektiven Voraussetzungen des Betreffenden her gesehen.

Die schleichende Feindseligkeit kann auch verzweckt werden und tritt dann als manifester Hass aufgrund gesellschaftlicher Suggestion, also Propaganda, auf. Wenn Propaganda, die Menschen Hass gegen bestimmte Objekte einimpfen will, effektiv sein soll, dann muss sie auf der charakterbedingten Feindseligkeit in der Persönlichkeitsstruktur jener Menschen aufbauen, die sie mit ihrer Propaganda erreichen will. Ein treffendes Beispiel ist die Anziehungskraft, die der Nazismus bei jener Schicht hatte, die seinen Kern bildete: das Kleinbürgertum. Eine latente Feindseligkeit war schon immer das Spezifikum der Mitglieder dieser Schicht, lange bevor die Nazi-Propaganda sie aktualisierte. Also war das Kleinbürgertum ein besonders fruchtbarer Boden für die Propaganda der Nazis.

Die Psychoanalyse bietet reichlich Gelegenheit, jene Bedingungen zu beobachten, die für das Vorhandensein von Hass in der Charakterstruktur verantwortlich zu machen sind. Die entscheidenden Faktoren bei der Entstehung charakterbedingten Hasses sind in den verschiedenen Arten auszumachen, durch die die Spontaneität, die Freiheit, der Drang, sich emotional und physisch auszuleben, die Entwicklung des „Selbst" eines Kindes blockiert oder zerstört werden. [...]

Die Methoden, mit denen [die Wachstumskräfte] in den Kindern blockiert und zerstört werden, sind vielfältig. Sie reichen von offener, einschüchternder Feindseligkeit und von Terror bis zu einer subtilen und „liebevollen" Form „anonymer Autorität", bei der man nicht offen etwas verbietet, sondern sagt: „Ich weiß, du willst das doch" oder: „Ich weiß, du magst dieses nicht." Die einfache Versagung instinktiver Triebregungen führt zu keiner tiefsitzenden Feindseligkeit; sie hat höchstens einen reaktiven Hass zur Folge.

Freud hingegen nahm an und begründete damit seine Theorie des Ödipus-Komplexes, dass die Versagung der auf den Vater oder die Mutter gerichteten sexuellen Wünsche zu einem Hass führe, der seinerseits Angst und Unterwürfigkeit schafft. Richtig ist, dass Versagung oft als Symptom von etwas in Erscheinung tritt, das zu Feindseligkeit führt: etwa wenn das Kind sich nicht ernstgenommen fühlt, wenn sein Entfaltungsdrang blockiert wird, wenn ihm nicht erlaubt wird, frei zu sein. Der eigentliche Grund ist aber nicht eine bestimmte Versagung, sondern der Kampf des Kindes gegen jene Kräfte, die es in seiner Freiheit und Spontaneität zu unterdrücken trachten. Es gibt viele Arten, in denen dieser Kampf gekämpft wird. Und es gibt viele Möglichkeiten, wie die Niederlage verkleidet werden kann: Das Kind mag bereit sein, die äußere Autorität zu verinnerlichen und ein „braves“ Kind sein; es kann offen rebellieren und dennoch abhängig bleiben; es kann fühlen, ganz „dazuzugehören“, indem es sich vollständig an die kulturell vorgegebenen Muster anpasst und dabei sein individuelles Selbst verliert. Das Ergebnis ist immer ein geringeres oder stärkeres Gefühl der inneren Leere, der Nichtigkeit und der Angst und, aus diesen Gefühlen resultierend, ein chronischer Hass und ein *Ressentiment*, das Nietzsche treffend als „Lebensneid“ beschrieben hat.

Es gibt allerdings einen feinen Unterschied zwischen dem Hass und diesem Lebensneid. Der Hass zielt letztlich immer auf die Zerstörung von Objekten außerhalb des eigenen Selbst. Mit Hilfe der Zerstörung wächst mir – wenn auch nicht objektiv, sondern nur subjektiv gesehen – Stärke zu. Beim Lebensneid dagegen zielt zwar die missgünstige Einstellung auch auf die Zerstörung der anderen, doch nicht, um sich subjektiv stark zu erleben, sondern um die Genugtuung zu haben, dass anderen die Freude an Dingen versagt ist, an denen ich mich – aus inneren oder äußeren

Gründen – nicht freuen kann. Es ist das Ziel des Lebensneids, meinen Schmerz, der seinen Grund in meiner Unfähigkeit, glücklich zu sein, hat, dahingehend zu beseitigen, dass es niemanden mehr geben darf, der mir durch seine bloße Existenz das vorlebt, was mir abgeht.

Es sollte an dieser Stelle angemerkt werden, dass der Sadismus etwas anderes ist als der Hass. Meinem Verständnis nach geht es dem Sadismus nicht um die Zerstörung des ihm Unterworfenen; der Sadist will vielmehr die absolute Macht haben, um den Unterworfenen ganz zum Mittel für seine Zwecke zu machen. Sadismus kann sehr wohl mit Hass vermischt sein; dann ist ihm jene Grausamkeit zueigen, die man im Allgemeinen mit „Sadismus" verbindet. Sadismus kann aber auch mit Sympathie vermischt sein. Der Sadist will sein Objekt dann als ein Mittel für sich selbst benützen, fördert es dabei aber gleichzeitig in allen möglichen Aspekten, nur nicht in einem: Er lässt es nicht frei.

Chronischer Hass in Gruppen entwickelt sich im Prinzip aufgrund der gleichen Bedingungen. Ein Unterschied lässt sich hier – wie sonst auch, wenn es um den Unterschied zwischen Individual- und Sozialpsychologie geht – nur in folgendem finden: Während wir bei individualpsychologischer Betrachtung nach jenen individuellen und zufälligen Bedingungen Ausschau halten, die für jene Charakterzüge verantwortlich sind, durch die sich das eine Individuum von den anderen seiner Gruppe unterscheidet, interessiert uns in der Sozialpsychologie die Charakterstruktur, sofern sie allen gemeinsam und deshalb für die Mehrheit der Mitglieder dieser Gruppe typisch ist. Es interessieren uns also nicht die zufälligen individuellen Bedingungen wie etwa ein überstrenger Vater oder der plötzliche

Tod einer geliebten Schwester. Es geht vielmehr um jene Lebensbedingungen, die für die Gruppe als solche eine gemeinsame Erfahrung darstellen. Von Bedeutung ist deshalb auch nicht der eine oder andere einzelne Teilaspekt aus dem Gesamt der Lebensweise, sondern die Gesamtstruktur grundlegender Lebenserfahrungen, wie sie durch die sozioökonomische Situation einer bestimmten Gruppierung bedingt werden. (Vgl. zur Methode analytischer Sozialpsychologie E. Fromm, 1932a.)

Das Kind ist vom „Geist" einer Gesellschaft bereits durchdrungen, lange bevor es in der Schule direkte Bekanntschaft macht mit ihm. Die Eltern verkörpern mit ihrer eigenen Charakterstruktur jenen Geist, der in ihrer Gesellschaft und sozialen Schicht vorherrscht, und vermitteln dem Kind diese „Atmosphäre" von seinem ersten Atemzug an. Die Familie ist deshalb die „psychische Agentur" der Gesellschaft.

Der Bezug zu unserem Problem der verschiedenen Arten von Hass lässt sich nun klären: Beim reaktiven Hass stellt der Stimulus, der zugleich auch der Gegenstand des Hasses ist, die *Ursache* des Hasses dar; beim charakterbedingten Hass dagegen ist der Grund die zugrunde liegende *Haltung*, die *Hassbereitschaft*; diese gibt es unabhängig von einem Objekt und noch bevor ein Stimulus die chronische Feindseligkeit zu einem manifesten Hass werden lässt.

Wie bereits angedeutet, wurde dieser grundlegende Hass in der Kindheit ursprünglich durch bestimmte Menschen zur Entstehung gebracht; später jedoch wurde er zu einem Teil der Persönlichkeitsstruktur, und die Objekte des Hasses spielen nur noch eine sekundäre Rolle. Dies ist auch der Grund, warum sich beim charakterbedingten Hass der Hass gegen Objekte außerhalb von mir nicht wesentlich vom Hass gegen mein eigenes Selbst unterscheidet. Die Hassbereitschaft ist immer vorhanden. Ihre äußeren Objekte wechseln je nach den Umständen, und es hängt von bestimmten Faktoren ab, ob ich selbst auch zu einem Gegenstand des Hasses werde. Will man verstehen, warum im einen Fall eine bestimmte Person gehasst wird und warum im anderen sich der Hass gegen das eigene Selbst richtet, muss man die speziellen Umstände einer Situation kennen, die jemand anderen oder mich zum Gegenstand des manifesten Hasses werden lassen. In unserem Zusammenhang interessiert vor allem die grundlegende Tatsache, dass der charakterbedingte Hass vom einzelnen ausgeht und wie ein Suchscheinwerfer einmal auf dieses, dann auf jenes Objekt – und dabei auch auf das eigene Selbst – zielt.

Die Stärke der Hassbereitschaft ist eines der größten Probleme in unserer Kultur. [...] Luthers Hass gegen die revoltierenden Bauern war außerordentlich intensiv. – Max Weber hat das Misstrauen und die Feindschaft gegen andere betont, die sich durch die Literatur des Puritanismus ziehen. Sie ist voller Warnungen, ja nicht auf die Hilfe und Freundlichkeit des Nächsten zu vertrauen. Richard Baxter empfiehlt, selbst seinem engsten Freund zu misstrauen. Thomas Adams sagt (in *Work of the Puritan Divines*, zit. in M. Weber, 1920, S. 96 Anm. 3): „Er – der wissende Mensch – ist blind gegenüber den Angelegenheiten anderer, aber hellsichtig für seine eigenen. Er beschränkt sich auf das, was mit ihm selbst zu tun hat, und verbrennt sich nirgendwo nutzlos seine Finger ... Er erkennt die Falschheit der Welt und lernt so, immer nur auf sich selbst zu vertrauen und nur insofern auf andere, als er keinen Schaden nehmen kann, wenn sie ihn enttäuschen." [Übersetzung vom Herausgeber.]

Thomas Hobbes glaubte, der Mensch habe die Natur eines Raubtiers, sei voll von Feindseligkeit und dazu bestimmt, zu rauben und zu töten. Friede und Ordnung ließen sich nur schaffen mit der Zustimmung aller und in Unterwerfung unter die Autorität des Staates. Immanuel Kants Auffassung vom Menschen war der von Hobbes nicht allzu fern. Auch er war davon überzeugt, dass der Mensch von Natur aus einen tiefsitzenden Hang zum Bösen habe. Viele Psychologen nahmen an, dass der chronische Hass der Natur des Menschen innewohne. William James sah ihn als so stark an, dass er es als erwiesen ansah, dass wir alle eine natürliche Abneigung gegen den körperlichen Kontakt mit anderen Menschen haben (vgl. W. James, 1893, besonders Band 2, S. 348). Freud nahm mit seiner Theorie vom Todestrieb an, wir alle seien von einer unwiderstehlichen Kraft getrieben, entweder andere oder uns selbst zu zerstören.

Auch wenn einige Philosophen der Aufklärung davon überzeugt waren, dass die Natur des Menschen gut und seine Feindseligkeit das Produkt seiner Lebensumstände sei, so hält sich doch die Auffassung von der Feindseligkeit des Menschen als etwas ihm Angeborenes in den Vorstellungen bedeutender Denker der Neuzeit von Luther bis in unsere Tage. Wir brauchen nicht darüber zu diskutieren, ob ihre Auffassungen haltbar sind. Zweifellos waren die Philosophen und Psychologen, die diese Auffassung vertreten, gute Menschenkenner innerhalb ihrer eigenen Kultur. Doch sie nahmen fälschlicherweise an, der moderne Mensch sei seinem Wesen nach kein historisches Produkt, sondern so, wie ihn die Natur geschaffen habe.

Während bedeutende Denker mit Klarheit die Stärke der Feindseligkeit des modernen Menschen erkannten, neigen die populären Ideologien und die Auffassungen des Durchschnittsmenschen dazu, das Phänomen der Feindseligkeit zu ignorieren. Es gibt nur relativ wenige Menschen, die sich dessen bewusst sind, dass sie die anderen grundsätzlich nicht mögen. Viele merken nur, dass sie eben wenig Interesse an anderen und wenig Gefühle für sie haben. Die Mehrheit ist sich ihres chronischen Hasses gegen sich selbst wie gegen andere überhaupt nicht bewusst. Sie haben jene Gefühle „adoptiert“, von denen sie wissen, dass sie von ihnen erwartet werden: Sie mögen andere Menschen und finden sie nett, solange sie sich nicht aggressiv verhalten. Dieses kritiklose „Mögen“ von Menschen erweist sich als völlig oberflächlich beziehungsweise kompensiert einen grundlegenden Mangel an Zuneigung.

Die Häufigkeit des unterschwelligen Misstrauens und der Abneigung gegen andere ist vielen Beobachtern unserer sozialen Szene bekannt; weniger deutlich wird das Phänomen der Abneigung gegen sich selbst erkannt. Dieser *Selbsthass* lässt sich nur dann als etwas relativ Seltenes ansehen, wenn nur jene Fälle in Betracht gezogen werden, in denen sich Menschen ganz offen selbst hassen und sich ablehnen. Meistens aber ist diese Ablehnung der eigenen Person auf verschiedene Weise verdeckt. Der häufigste indirekte Ausdruck von Selbstablehnung, sind die in unserer Kultur so weit verbreiteten Minderwertigkeitsgefühle. Bewusst fühlen die Menschen nicht, dass sie sich nicht mögen; sie fühlen nur, dass sie anderen unterlegen sind, dass sie dumm und unattraktiv sind oder was sonst der besondere Inhalt ihrer Minderwertigkeitsgefühle ist. (Die Industrie etwa schlägt aus der unbewussten Selbstablehnung Kapital, indem sie den Menschen Angst vor ihrem eigenen „Körpergeruch“ macht. Die unbewusste Abneigung des heutigen

Menschen gegen sich selbst macht ihn zu einer leichten Beute für diese Art Werbung.)

Die Dynamik von Minderwertigkeitsgefühlen ist sicherlich komplexer, und es gibt noch andere Ursachen als die genannten. Die Ablehnung der eigenen Person oder doch zumindest der Mangel an Liebe zu sich selbst sind aber immer vorhanden und stellen psychodynamisch eine wichtige Ursache dar.

Eine noch subtilere Form der Abneigung gegen sich selbst zeigt sich in der permanenten Bereitschaft, sich selbst infrage zu stellen. Solche Menschen fühlen sich nicht minderwertig. Sobald sie aber einen Fehler machen, entdecken sie etwas an sich, das nicht so sein sollte. Ihre Selbstkritik steht dabei in keinem Verhältnis zur Bedeutung des Fehlers oder der Unzulänglichkeit. Aufgrund ihrer eigenen Idealvorstellungen müssen sie entweder perfekt sein oder doch so unfehlbar, dass sie den Erwartungen ihrer Umwelt entsprechen, wenn sie deren Zustimmung und Zuneigung haben wollen. Haben sie das Gefühl, dass sie etwas fehlerfrei gemacht haben oder dass es ihnen gelungen ist, sich den Beifall der anderen zu sichern, dann fühlen sie sich wohl. Gelingt ihnen dies aber nicht, dann werden sie von einem sonst verdrängten Minderwertigkeitsgefühl überwältigt. Auch hier zeigt sich, dass das Fehlen von Zuneigung zu sich selbst eine Quelle ist, aus der diese Haltung entspringt.

Noch deutlicher wird der Zusammenhang, wenn wir die Einstellung zur eigenen Person mit der entsprechenden Einstellung zu anderen vergleichen. Hat zum Beispiel ein Mann, der glaubt, eine Frau zu lieben, den Eindruck, dass sie nicht zu ihm passt, wenn sie einen Fehler macht, oder hängen seine Gefühle für sie völlig davon ab, ob andere sie kritisieren oder loben, dann gibt es keinen Zweifel daran, dass es ihm grundlegend an Liebe zu ihr mangelt. In Wirklichkeit hasst er sie und ergreift jede Gelegenheit, einen anderen Menschen zu kritisieren und ja keinen Fehler des anderen zu übersehen.

Der häufigste Ausdruck des Mangels an Liebe zu sich selbst ist jedoch die Art und Weise, wie Menschen mit sich selbst umgehen. Manche sind ihre eigenen Sklaventreiber; statt Sklaven eines Herren außerhalb ihrer selbst zu sein, haben sie den Herren in sich hineinverlegt. Dieser ist streng und grausam; er erlaubt ihnen keinen Augenblick Ruhe; Freude und Vergnügen sind bei ihm verboten; er erlaubt es nicht, das zu tun, was man will. Tun sie es trotzdem, dann müssen sie es heimlich tun und bezahlen es mit einem schlechten Gewissen. So hat selbst der Spaß den gleichen Zwangscharakter wie die Arbeit. Die permanente Ruhelosigkeit, die ihr Leben bestimmt, nimmt auch während der Zerstreuungen nicht ab. Die meisten sind sich dieses Treibens noch nicht einmal bewusst. Doch es gibt auch Ausnahmen, wie den Banker James Stillman, der in seinen besten Jahren zu Reichtum, Ruhm und Macht gekommen war und von sich sagen konnte, wozu nur wenige Leute fähig wären: „Nie im meinem Leben habe ich das getan, was ich wollte. Und nie werde ich das tun, was ich will." (Vgl. A. Robeson [Brown], 1927.)

Freud hat die Rolle des „Gewissens" als Verinnerlichung der äußeren Autorität und als Träger tiefsitzender Feindseligkeit gegen sich selbst klar erkannt und im Begriff des Über-Ichs zu fassen versucht. Er war davon überzeugt, dass das Über-Ich einen Großteil der zum Menschen gehörenden Destruktivität enthält, die sich in Form von Pflichtgefühlen und moralischen Verpflichtungen gegen ihn wendet. Trotz der Einwände, die ich gegen Freuds Theorie des

Über-Ichs habe (vgl. E. Fromm, 1936a), gibt es keinen Zweifel daran, dass Freud ein gutes Gespür für die Feindseligkeit und Grausamkeit hatte, die im „Gewissen“, wie es in der Neuzeit begriffen wurde, enthalten ist.

Liebe als leidenschaftliche Bejahung

Was für Feindseligkeit und Hass gilt, gilt auch für die Liebe. Allerdings ist das Problem Nächstenliebe und Selbstliebe weitaus schwieriger, und zwar aus zwei Gründen. Zum einen ist der Hass ein Phänomen, das in unserer Gesellschaft allgegenwärtig ist. Er ist deshalb für eine empirische Untersuchung und Erforschung leicht zugänglich. Liebe ist ein vergleichsweise seltenes Phänomen, das sich nur schwer empirisch untersuchen lässt. Jede Erörterung des Phänomens Liebe droht deshalb unempirisch und rein spekulativ zu werden.

Die andere Schwierigkeit ist vielleicht noch größer. Es gibt in unserer Sprache kaum ein Wort, das derart missbräuchlich und entwürdigend gebraucht wird, wie das Wort „Liebe“. Liebe wurde von Menschen gepredigt, die bereit waren, jede Grausamkeit zu entschuldigen, wenn sie nur ihren eigenen Zwecken diente; mit Liebe wurde verkleidet, dass Menschen gezwungen wurden, ihr eigenes Glück zu opfern und ihr Selbst völlig denen zu unterwerfen, die von dieser Unterwerfung profitierten; mit Liebe wurde moralisch Druck ausgeübt, um ungerechtfertige Forderungen durchzusetzen. Für viele wurde der Begriff „Liebe“ so entleert, dass man von Liebe spricht, wenn zwei Menschen zwanzig Jahre lang zusammenlebten, ohne öfter als höchstens einmal pro Woche miteinander gestritten zu haben.

Das Wort „Liebe" zu gebrauchen ist gefährlich und etwas peinlich. Einem Psychologen mag es nicht anstehen, der Peinlichkeit zu erliegen. Von Liebe zu predigen zeugt höchstens von schlechtem Geschmack. Doch nüchtern und kritisch das Phänomen Liebe zu erforschen und Formen von Pseudo-Liebe aufzudecken, wobei beides sich nicht voneinander trennen lässt, dies ist eine Verpflichtung, der sich zu entziehen der Psychologe keine Recht hat.

Selbstverständlich stellt dieser Beitrag keinen Versuch dar, die Liebe zu erforschen. Allein schon die psychologischen Phänomene zu beschreiben, die üblicherweise mit dem Begriff „Liebe" gemeint sind, würde ein halbes Buch füllen. Dennoch soll der Versuch einer Darstellung entlang der bisherigen Hauptgedanken gemacht werden.

Zwei Phänomene, die eng miteinander verknüpft sind, werden oft als Liebe ausgegeben: die „masochistische" und die „sadistische Liebe". Bei der *„masochistischen Liebe"* gibt der Betreffende sein eigenes Selbst, seine Eigeninitiative und seine Integrität auf, um ganz und gar in einer anderen Person, die als stärker erlebt wird, aufzugehen. Tiefe Ängste führen zu einem Gefühl, nicht auf eigenen Füßen stehen zu können, so dass der Wunsch entsteht, sich seines eigenen Selbst zu entledigen, um zu einem Teil eines anderen zu werden, sich bei ihm sicher zu fühlen und jenes Zentrum zu finden, das er in sich vermisst. Dieser Verzicht auf das eigene Selbst wurde oft als Beispiel für „die große Liebe" gepriesen. In Wirklichkeit ist es eine Form von Götzendienst und auch eine Vernichtung des eigenen Selbst. Der Umstand, dass dieser Verzicht als Liebe ausgegeben wurde, hat die Verführungskraft und Gefährlichkeit der masochistischen Liebe erhöht.

Die *„sadistische Liebe"* auf der anderen Seite entspringt

dem Wunsch, das Objekt der Liebe zu verschlingen und es zu einem willenlosen Werkzeug in den eigenen Händen zu machen. Auch dieser Triebwunsch wurzelt in einer tiefen Angst und Unfähigkeit, auf eigenen Füßen zu stehen. Statt aber eine größere Stärke dadurch zu finden, dass man sich verschlingen lässt, werden Stärke und Sicherheit im grenzenlosen Machthaben über den anderen Menschen gesucht.

Masochistische wie sadistische Liebe sind Ausdruck eines starken Bedürfnisses, das von der grundlegenden Unfähigkeit herrührt, unabhängig zu sein. Um einen biologischen Begriff zu benützen, könnte man dieses tiefe Verlangen ein „Bedürfnis nach Symbiose" nennen. Die sadistische Liebe ist häufig die Form, wie Eltern ihre Kinder lieben. Ob die Herrschaft nun offen autoritär oder subtiler „modern" praktiziert wird, macht keinen wesentlichen Unterschied. Beides Mal wird versucht, die Stärke des Selbst eines Kindes zu unterminieren, und dies führt in späteren Jahren in ihm zur Entwicklung der gleichen symbiotischen Tendenzen. Die sadistische Liebe kommt auch häufig unter Erwachsenen vor. In lang andauernden Beziehungen bilden sich dann die entsprechenden Rollen heraus: Der eine übernimmt den sadistischen, der andere den masochistischen Part der symbiotischen Beziehung. Oft kommt es auch zu einem ständigen Rollenwechsel. Dies zeigt sich dann in einem andauernden Kampf darum, wer das Sagen hat und wer sich unterwirft. Auch diese Art der Beziehung wird als Liebe begriffen.

Nach dem Gesagten gibt es Liebe nicht ohne Freiheit und Unabhängigkeit. Im Gegensatz zur symbiotischen Pseudo-Liebe sind die wichtigsten Voraussetzungen für Liebe Freiheit und Gleichheit. Liebe setzt voraus, dass jemand die Stärke, Unabhängigkeit und Integrität des Selbst hat, das allein bei sich sein und Einsamkeit aushalten kann. Diese Voraussetzung gilt in gleicher Weise für die liebende wie für die geliebte Person. Liebe ist ein spontaner Akt, wobei Spontaneität im wörtlichen Sinne die Fähigkeit bezeichnet, aus einem eigenen, freien Entschluss heraus zu handeln. Machen Angst und Schwäche des Selbst es unmöglich, in sich selbst verwurzelt zu sein, kann man nicht lieben.

Dies lässt sich nur dann ganz verstehen, wenn wir in Betracht ziehen, auf wen sich die Liebe bezieht. Liebe ist das Gegenteil von Hass. Hass ist der leidenschaftliche Wunsch zu zerstören. Liebe ist eine leidenschaftliche Bejahung ihres „Objekts". (Der Begriff „Objekt" wird bewusst in Anführungszeichen gesetzt, weil in einer Liebesbeziehung das „Objekt" aufhört, ein Objekt zu sein. Es ist kein Gegenüber des Subjekts und nichts von ihm Getrenntes.) Liebe ist also kein „Affekt", sondern ein aktives Streben, das auf Glück, Entwicklung und Freiheit von seinem „Objekt" zielt. Diese leidenschaftliche Bejahung ist nicht möglich, wenn das eigene Selbst verkrüppelt ist, denn echte Bejahung wurzelt immer in Stärke. Ist das Selbst beschädigt, ist Liebe nur in einer ambivalenten Weise möglich, das heißt, mit dem starken Teil des Selbst liebt die betreffende Person, mit dem beschädigten Teil muss sie hassen. – Harry Stack Sullivan hat diese Formulierung in seinen Vorlesungen gebraucht. Für ihn war die Zeit der Präadoleszenz dadurch gekennzeichnet, dass in ihr bezüglich der zwischenmenschlichen Beziehungen Triebregungen in Erscheinung treten, die einen neuen Befriedigungstypus fördern: die Lust auf einen anderen Menschen (den „Kumpel"). Liebe zeichnet sich nach Sullivan durch eine Situation aus, in der die Befriedigung der geliebten Person genauso bedeutend und wünschenswert ist wie die des Liebenden.

Der Begriff *„leidenschaftliche Bejahung"* führt leicht zu Missverständnissen. Er bezeichnet keine verstandesmäßige Bejahung im Sinne eines reinen Vernunfturteils; vielmehr meint er eine tiefreichende Bejahung, bei der die gesamte Persönlichkeit – der Intellekt, die Gefühle und Sinne – beteiligt sind. Oft sind die Augen, Ohren und die Nase eines Menschen ebenso gute oder gar bessere Organe der Bejahung als sein Gehirn. Kommt die Bejahung aus der Tiefe und ist sie leidenschaftlich, dann bezieht sie sich auf das Wesen des „Objekts" selbst, und nicht nur auf Teilaspekte. Für die Liebe Gottes zum Menschen gibt es im Alten Testament keinen stärkeren Ausdruck als die Aussage am Ende eines jeden Schöpfungstages: „Und Gott sah, dass es gut war!"

Auch ein anderes mögliches Missverständnis gilt es unbedingt zu vermeiden. Nach allem, was bisher gesagt wurde, könnte man zu dem Schluss kommen, dass jede Bejahung gleichbedeutend mit Liebe ist, und zwar unabhängig vom Wert des geliebten Objekts. Dies freilich würde bedeuten, dass Liebe nur ein subjektives Gefühl der Bejahung ist und dass die Frage von objektiven Werten dabei keine Rolle spielt. Dann aber erhebt sich die Frage, ob man auch das Übel lieben kann. Dies jedoch ist eines der schwierigsten psychologischen und philosophischen Probleme, und es ist unmöglich, es hier zu erörtern. Ich möchte aber wiederholen, dass Bejahung in dem hier gebrauchten Sinne nichts gänzlich Subjektives ist. Liebe ist gleichbedeutend mit Bejahung von Leben, von Wachstum, Freude, Freiheit, und deshalb kann per definitionem das Übel – also Verneinung, Tod und Zwang – nicht geliebt werden. Zweifellos kann das subjektive Gefühl das einer lustvollen Erregung sein, und es ist üblich, dieses bewusst als „Liebe" zu verstehen.

Der Betreffende neigt dazu zu glauben, es sei Liebe; erforscht man jedoch seinen psychischen Gehalt, dann entpuppt sich das subjektive Erleben als etwas, das nichts mit dem zu tun hat, was ich mit Liebe meine.

Die gleichen Fragen erheben sich auch bezüglich anderer Probleme psychologischer Art, etwa bei der Frage, ob Glück ein gänzlich subjektives Phänomen sei oder ob es auch einen objektiven Faktor beinhalte. Ist jemand, der sich „glücklich" fühlt, wenn er sich abhängig macht und sich selbst aufgibt, deshalb glücklich, weil er sich so fühlt, oder hängt Glück immer von bestimmten Werten wie Freiheit und Integrität ab? Man hat immer argumentiert, die betreffenden Menschen seien „glücklich", um ihre Unterdrückung zu rechtfertigen. Dies ist eine armselige Rechtfertigung. Glück lässt sich nicht von bestimmten Werten trennen und ist nicht einfach nur ein subjektives Gefühl der Befriedigung. Dies lässt sich am Beispiel des Masochismus aufzeigen. Jemand kann bei der Unterwerfung, beim Gequältwerden, ja selbst beim Tod Befriedigung empfinden, doch ist in Unterwerfung, Folter und Tod kein Glück enthalten.

Derartige Überlegungen scheinen den Boden der Psychologie zu verlassen und in den Bereich von Philosophie und Religion zu gehören. Doch ist dies meines Erachtens nicht so. Eine differenzierende psychologische Betrachtung, die zwischen den Gefühlsqualitäten entsprechend der zugrunde liegenden Persönlichkeitsstruktur zu unterscheiden weiß, kann den Unterschied zwischen *Befriedigung* und *Glück* aufzeigen. Allerdings wird nur jene Psychologie sich dieses Problems bewusst sein, die sich nicht von der Frage der Werte losgesagt hat und nicht vor der Frage nach Sinn und Zweck des menschlichen Lebens zurückschreckt.

Liebe wurzelt ebenso wie der charakterbedingte Hass in einer Grundhaltung, die immer gegenwärtig ist. Sie ist eine beständige Bereitschaft zu lieben; man könnte sie eine *„grundsätzliche Sympathie"* nennen. Sie wird veranlasst, aber nicht verursacht durch ein bestimmtes Objekt. Die Fähigkeit und Bereitschaft zu lieben ist genauso ein Charakterzug wie die Bereitschaft zu hassen. (Es wäre übrigens sehr verhängnisvoll anzunehmen, dass diese unterschiedliche Bereitschaft verschiedene Persönlichkeitstypen kennzeichnet. Viele Menschen zeigen gleichermaßen die Bereitschaft zu beiden Möglichkeiten.)

Es ist nicht leicht, die Voraussetzungen zu benennen, die zur Entwicklung dieser *grundsätzlichen Sympathie* führen. Es scheint hauptsächlich zwei Voraussetzungen zu geben, eine positive und eine negative. Die positive Bedingung ist schlicht und einfach, dass jemand als Kind die Liebe anderer erfahren hat. Während im Allgemeinen als selbstverständlich angenommen wird, dass die Eltern ihre Kinder lieben, ist dies in Wirklichkeit eher die Ausnahme als die Regel. Diese positive Voraussetzung fehlt deshalb häufig. Die negative Voraussetzung ist das Fehlen all jener bereits erwähnten Faktoren, die für die Entstehung eines chronischen Hasses verantwortlich sind. Wer die Kindheitserfahrungen beobachtet, mag mit Recht bezweifeln, dass das Fehlen dieser Bedingungen häufig ist.

Aus der Prämisse, dass aktuelle Liebe in einer grundsätzlichen Sympathie wurzelt, ergibt sich eine wichtige Schlussfolgerung bezüglich des *Objekts* der Liebe. Sie läuft prinzipiell auf das gleiche hinaus, was auch im Hinblick auf die Objekte des chronischen Hasses gesagt wurde: Die Objekte der Liebe haben keine ausschließende Qualität. Sicherlich ist es kein Zufall, dass ein bestimmter Mensch zum

Objekt einer manifesten Liebe wird. Die Bedingungsfaktoren für die besondere Wahl sind zu zahlreich und zu komplex, als dass sie hier erörtert werden könnten. Der entscheidende Punkt aber ist, dass die Liebe zu einem ganz bestimmten Objekt nur die Aktualisierung und Konzentrierung der unterschwelligen Liebe auf eine bestimmte Person hin ist. Unrichtig ist die Vorstellung von *romantischer Liebe*, die glaubt, dass es auf der ganzen Welt nur einen einzigen Menschen gäbe, den man lieben könne, und dass es die große Chance im Leben sei, diesem einen zu begegnen. Unrichtig ist auch die Annahme, die Liebe zu diesem einen Menschen habe zur Folge, dass man die Liebe von den anderen Menschen abzieht. Eine Liebe, die nur in Bezug auf einen einzigen Menschen erlebt werden kann, erweist sich gerade durch diese Tatsache nicht als Liebe, sondern als symbiotische Bindung. Die in der Liebe enthaltene grundsätzliche Bejahung gilt dem geliebten Menschen als einer Inkarnation wesentlicher menschlicher Eigenschaften.

Die Liebe zu *einem* Menschen bedeutet Liebe zum Menschen an sich. Eine Art „Arbeitsteilung" – wie William James dies nennt –, bei der man die eigene Familie liebt, für „Fremde" aber nichts übrig hat, ist das Kennzeichen einer grundsätzlichen Liebesunfähigkeit. Die Liebe zur Menschheit ist nicht, wie man häufig annimmt, eine Abstraktion, die auf die Liebe zu einem bestimmten Menschen folgt, sondern sie ist deren Voraussetzung, obwohl sie – genetisch betrachtet – durch die Liebe zu bestimmten Individuen erworben wird. Daraus folgt, dass mein eigenes Selbst prinzipiell ebenso Objekt meiner Liebe sein muss wie ein anderer Mensch. Die Bejahung meines eigenen Lebens, meines Glückes, meines Wachstums und meiner Freiheit wurzelt im Vorhandensein der grundsätzlichen Bereitschaft und

Fähigkeit für eine derartige Bejahung. Hat jemand diese Bereitschaft, dann hat er sie auch sich selbst gegenüber. Kann er nur andere lieben, dann kann er überhaupt nicht lieben. Mit einem Wort: Liebe ist im Hinblick auf ihre Objekte ebenso unteilbar wie der Hass.

Der hier aufgewiesene Grundsatz, dass Hass und Liebe Aktualisierungen einer konstanten Bereitschaft sind, trifft auch für andere psychische Phänomene zu. Sinnlichkeit zum Beispiel ist nicht nur eine Reaktion auf einen Reiz. Der sinnliche oder – man könnte auch sagen – der erotische Mensch hat eine grundsätzlich erotische Einstellung zur Wirklichkeit. Dies bedeutet nicht, dass er ständig sexuell erregt ist; für ihn ist vielmehr eine erotische *Atmosphäre* charakteristisch, die durch bestimmte Objekte aktualisiert wird, die aber dennoch bereits unterschwellig vorhanden ist, bevor der *Reiz* in Erscheinung tritt. Es geht hier also nicht um die physiologisch gegebene Fähigkeit zur sexuellen Erregung, sondern um eine Atmosphäre erotischer Bereitschaft, die sich sozusagen unter einem Vergrößerungsglas auch dann beobachten ließe, wenn die betreffende Person nicht in einem aktuellen Zustand sexueller Erregung ist.

Andererseits gibt es Menschen, bei denen diese erotische Bereitschaft fehlt. Bei ihnen wird die sexuelle Erregung im Wesentlichen durch einen Reiz, der den Sexualtrieb anspricht, verursacht. Bei diesen Menschen kann die Fähigkeit, sich stimulieren zu lassen, eine große Variationsbreite haben, immer aber ist für alle Spielarten dieser sexuellen Erregung typisch, dass sie von der Gesamtpersönlichkeit mit ihren intellektuellen und emotionalen Eigenschaften unabhängig ist.

Eine weitere Illustration für den hier aufgezeigten Grundsatz ist der Sinn für das Schöne. Es gibt bestimmte

Menschen, die immer bereit sind, das Schöne zu sehen. Auch in diesem Falle bedeutet das nicht, dass solche Menschen dauernd schöne Gemälde, Menschen oder Szenerien anschauen. Doch wenn sie derer ansichtig werden, dann aktualisiert sich eine immer gegenwärtige Bereitschaft, und es ist gerade nicht so, dass ihr Sinn für das Schöne erst durch das, was sie sehen, *erregt* wird. Auch hier zeigt sich bei genauerem Hinsehen, dass Menschen mit einem Sinn für das Schöne tatsächlich eine andere Art haben, die Wirklichkeit wahrzunehmen, die auch dann gegeben ist, wenn das, was sie sehen, keine akute Wahrnehmung von Schönem hervorruft.

Der Grundsatz, um dessen Verdeutlichung es bisher ging, lautet: Während viele psychologische Schulen die menschlichen Verhaltensreaktionen gemäß dem Reiz-Reaktionsmuster *(stimulus – response)* zu begreifen versuchen, vertrete ich das Prinzip, dass der Charakter eine Struktur vieler solcher *Bereitschaften* ist, die immer gegenwärtig sind und aktualisiert – jedoch nicht verursacht – werden durch einen äußeren Stimulus. Diese Ansicht ist für eine dynamische Psychologie wie die Psychoanalyse wesentlich. Obwohl die Reflextheorie der hier vertretenen Auffassung ähnlich zu sein scheint, stimmt dies doch nur bei oberflächlicher Betrachtung. Diese geht nämlich davon aus, dass es eine vorgeformte Bereitschaft gibt, die die Neuronen auf einen bestimmten Stimulus in einer entsprechenden Weise reagieren lässt. Uns geht es jedoch nicht um diese physischen Voraussetzungen. Noch wichtiger aber ist, dass wir unter *Bereitschaft* eine tatsächlich – wenn auch nur unterschwellig – vorhandene und inaktive Haltung meinen, die eine Atmosphäre oder Grundstimmung schafft.

Freud glaubte, dass alle diese Bereitschaften in biologisch gegebenen Trieben wurzeln. Wir hingegen sind der

Auffassung, dass dies zwar für einige Bereitschaften gilt, viele andere aber als Reaktion auf individuelle und gesellschaftliche Erfahrungen des Einzelnen entstehen.

Selbstliebe und Selbstsucht

Eine letzte Frage harrt noch ihrer Erörterung. Vorausgesetzt, dass Liebe zu sich selbst und Liebe zu anderen korrespondierende Größen sind, wie erklärt sich dann jene Art von „Selbstsucht", die offensichtlich das genaue Gegenteil jedes echten Interesses an einem anderen Menschen ist? Der Selbstsüchtige ist nur an sich selbst interessiert, will alles nur für sich selbst, ist unfähig, irgendetwas gerne zu geben, und stattdessen immer ängstlich darauf bedacht zu nehmen. Seine Umwelt betrachtet er nur unter der Perspektive, was sich alles für seine Zwecke aus ihr herausholen lässt. Ihm geht jedes Interesse für die Bedürfnisse anderer ab, und er kann keinerlei Achtung vor deren Würde und Integrität aufbringen. Er sieht nur sich selbst; alles und jedes beurteilt er vom Gesichtspunkt des Nutzen für ihn. Er ist zutiefst liebesunfähig.

Diese Selbstsucht kann offen zutage treten oder vielfältig versteckt sein hinter allen möglichen selbstlosen Gesten. Unter dynamischer Betrachtungsweise handelt es sich dennoch immer um Selbstsucht. Es scheint bei diesem Persönlichkeitstypus aber offensichtlich so zu sein, dass es einen Widerspruch zwischen dem enormen Interesse für sich selbst und dem Mangel an Beachtung der anderen gibt. Ist dies nicht der Beweis dafür, dass es in Wirklichkeit eine Alternative gibt: Jemand interessiert sich entweder für sich oder für andere? Dies wäre mit Sicherheit so, wenn Selbstsucht und Selbstliebe identisch wären. Aber gerade darin besteht der Fehlschluss, der hinsichtlich unseres Problems zu so vielen falschen Folgerungen geführt hat. Selbstsucht und Selbstliebe sind weit davon entfernt, identisch zu sein; in Wirklichkeit sind sie Gegensätze.

Selbstsucht ist, wie schon das Wort „Sucht“ andeutet, eine Art Gier. Wie bei allen Formen von Gier ist sie unersättlich, wobei das Unersättliche eine Folge einer beständigen Unbefriedigtheit ist. Die Gier ist ein Fass ohne Boden: Der Mensch erschöpft sich in einem endlosen Bemühen, sein Bedürfnis zu befriedigen, und erreicht doch nie eine Befriedigung. Der entscheidende Punkt zeigt sich bei näherer Betrachtung: Obwohl der Selbstsüchtige immer ängstlich mit sich selbst beschäftigt ist, ist er doch nie zufrieden, pausenlos in Unruhe, andauernd von der Angst getrieben, nicht genug zu bekommen, etwas zu versäumen oder einer Sache beraubt zu werden. Er ist voll von brennendem Neid, dass jemand mehr haben könnte als er.

Schauen wir noch etwas genauer hin und beziehen wir die unbewusste Dynamik mit ein, dann erkennen wir, dass der selbstsüchtige Mensch ganz und gar nicht von sich begeistert ist und sich überhaupt nicht leiden kann. Das Rätsel dieses scheinbaren Widerspruchs lässt sich leicht lösen. Die Selbstsucht wurzelt in eben diesem Mangel an Liebe zu sich selbst. Wer sich selbst nicht lieben und annehmen kann, lebt bezüglich seines Selbst in einer ständigen Angst. Er spürt nicht die innere Sicherheit, die es nur aufgrund echter Liebe und Bejahung gibt. Er muss immer mit sich beschäftigt sein und ist begierig, alles für sich zu bekommen, da seinem Selbst von Grund auf Sicherheit und Zufriedenheit fehlen.

Was für den Selbstsüchtigen gilt, gilt auch für den narzisstischen Menschen. Dessen allgegenwärtiges Interesse ist es weniger, sich Dinge anzueignen, als vielmehr, sich selbst zu bewundern. Oberflächlich betrachtet scheinen diese Menschen in sich selbst verliebt zu sein; in Wirklichkeit aber können sie sich nicht leiden, und mit ihrem Narzissmus wie mit der Selbstsucht kompensieren sie einen grundlegenden Mangel an Selbstliebe. Freud hat betont, dass der Narzisst seine Liebe vom anderen zurückzieht und auf die eigene Person richtet. Der erste Teil dieser Behauptung ist richtig, der zweite ist ein Trugschluss. Er liebt weder die anderen noch sich selbst.

Der Kompensationsmechanismus des Selbstsüchtigen und des Narzissten ist leichter zu verstehen, wenn wir ihn mit dem übermäßigen Interesse an anderen und mit der Überfürsorglichkeit für andere vergleichen. Ob es sich um eine überfürsorgliche Mutter oder einen übermäßig interessierten Gatten handelt, bei näherer Betrachtung zeigt sich immer das eine: Die Betreffenden glauben zwar bewusst, dass sie besonders lieb zu ihrem Kind oder Gatten sind, in Wirklichkeit aber zeigt sich eine tief verdrängte Feindseligkeit gerade gegenüber jener Person, für die sie sich so übermäßig engagieren. Sie interessieren sich im Übermaß nicht nur, weil sie einen Mangel an Liebe, sondern auch eine bestehende Feindseligkeit kompensieren müssen.

Bei der Selbstsucht gibt es noch ein weiteres Problem. Ist es nicht ein ganz besonderer Ausdruck von Selbstlosigkeit, wenn sich jemand selbst opfert? Und ist es andererseits vorstellbar, dass jemand, der sich selbst liebt, ein solches äußerstes Opfer erbringt? Die Antwort hängt völlig davon ab, um welche Art von Opfer es sich handelt. Da gibt es einmal das Opfer, wie es in jüngster Zeit insbesondere von der faschistischen Philosophie gepriesen wurde. Der Einzelne solle sich für etwas, das außerhalb von ihm, das größer und wertvoller ist – etwa der Führer, die Rasse – opfern. Der Einzelne zählt nichts und findet erst durch diesen Akt der Selbstvernichtung zugunsten einer höheren Macht seine Bestimmung. Bei diesem Verständnis ist die Selbstaufopferung für etwas oder jemanden, der größer als man selbst ist, die größte erreichbare Tugend. Wenn Selbstliebe und Nächstenliebe eine grundsätzliche Bejahung und Achtung des Selbst sowie des anderen bedeuten, dann steht diese Opfervorstellung in scharfem Kontrast zur Selbstliebe.

Es gibt aber noch eine andere Art von Opfer: Wenn die Umstände es erfordern, das eigene Leben für den Erhalt einer Idee, die zu einem Teil von einem selbst geworden ist, oder für eine Person, die man liebt, hinzugeben, dann kann das Opfer der äußerste Ausdruck von Selbstbejahung sein. Natürlich handelt es sich dabei nicht um eine Bejahung des eigenen physischen Lebens, sondern des Selbst im Sinne des Kerns der eigenen Gesamtpersönlichkeit. In diesem Fall ist das Opfer selbst nicht das Ziel, sondern nur der Preis, der für die Realisierung und Bejahung des eigenen Selbst bezahlt werden muss. Hat im letzteren Fall das Opfer seinen Grund in der Selbstbejahung, so wurzelt das – man könnte sagen – masochistische Opfer im Mangel an Selbstachtung und Selbstliebe und ist seinem Wesen nach nihilistisch.

Das Problem der Selbstsucht hat eine besondere *Relevanz für die Psychotherapie.* Der Neurotiker ist oft dahingehend selbstsüchtig, dass er in seiner Beziehung zu anderen blockiert oder in Bezug zu sich selbst überängstlich ist. Dies verwundert nicht, denn neurotisch zu sein bedeutet, dass die Bildung eines starken Selbst zu keinem erfolgreichen Abschluss gekommen ist. Normal zu sein besagt wiederum gewiss nicht, dass es dazu kam. Bei der Mehrheit der gut angepassten Menschen bedeutet Normalität nur, dass sie ihr eigenes Selbst bereits im frühen Alter verloren und vollständig durch ein gesellschaftliches Selbst ersetzt haben, das ihnen von der Gesellschaft angeboten wurde. Für sie gibt es keinen neurotischen Konflikt, weil ihr Selbst – und deshalb auch die Diskrepanz zwischen ihrem Selbst und der Außenwelt – verschwunden ist.

Oft sind neurotische Menschen besonders selbstlos. Es fehlt ihnen an Selbstbehauptung, und sie sind unfähig, ihre eigenen Ziele zu verfolgen. Die Gründe für diese Selbstlosigkeit sind im wesentlichen die gleichen wie für die Selbstsucht. Es herrscht praktisch immer ein Mangel an Selbstliebe. Ohne Selbstliebe aber kann niemand gesund werden. Wenn der Neurotiker gesund wird, dann wird er nicht normal in Sinne einer Anpassung an das gesellschaftliche Selbst. Vielmehr gelingt es ihm, sein Selbst, das niemals ganz verloren gegangen war und für dessen Erhalt er mit seinen neurotischen Symptomen gekämpft hat, zu verwirklichen. Von daher kann eine Theorie, die wie die Freudsche Narzissmustheorie gesellschaftlichen Verhaltensmuster rationalisiert sowie die Selbstliebe denunziert und mit Selbstsucht identifiziert, therapeutisch verheerende Wirkungen haben. Sie verstärkt die Tabuisierung der Selbstliebe. Bei einer solchen Therapie werden gerade dann „positive" Ergebnisse erzielt, wenn es ihr nicht darum geht, dem Betreffenden dabei zu helfen, er selbst zu werden, also frei, spontan und kreativ – die klassischen Eigenschaften von Künstlern. Solche Therapien führen stattdessen dazu, den Kampf um das eigene Selbst aufzugeben und sich an die kulturellen Muster friedlich und ohne den Lärm einer Neurose anzupassen.

In der heutigen Zeit wächst die Neigung, den Einzelnen zu einem ohnmächtigen Atom zu machen. Die autoritären Systeme versuchen, das Individuum zu einem willenlosen und gefühllosen Instrument in den Händen der Regierenden zu degradieren. Sie zerschlagen es durch Terror, Zynismus, Staatsmacht, Großdemonstrationen, fanatische Redner und alle möglichen anderen Mittel der Suggestion. Fühlt der Mensch sich schließlich zu schwach, um noch auf eigenen Füßen zu stehen, dann wird ihm durch das Angebot aufgeholfen, an der Stärke und Glorie des größeren Ganzen, dessen ohnmächtiger Teil er ist, zu partizipieren. Die autoritäre Propaganda behauptet, das Individuum des demokratischen Staates sei selbstsüchtig und müsse daher selbstlos und sozial gesinnt werden. Dies ist eine Lüge. Der Nazismus ersetzte die äußerst brutale Selbstsucht der herrschenden Bürokratie und des Staates durch die Selbstsucht des durchschnittlichen Menschen. Der Ruf nach Selbstlosigkeit ist die Waffe, mit der der normale Bürger dazu gebracht werden soll, sich noch mehr zu unterwerfen und aufzugeben.

Die Kritik an der demokratischen Gesellschaft sollte nicht in erster Linie lauten, dass die Menschen zu selbstsüchtig seien; dies ist zwar so, aber es ist nur eine Folge von etwas anderem. Der Demokratie ist es nicht gelungen, den Einzelnen dahingehend zu bestärken, dass er sich selbst lieben lernt und so ein tiefes Gespür für die Bejahung seines eigenen Selbst mit allen seinen intellektuellen, emotionalen und sinnlichen Möglichkeiten entwickelt. Ein puritanisch-protestantisches Erbe der Selbstverleugnung sowie der Zwang zur Unterordnung des Einzelnen unter die Erfordernisse der Produktion und des Profits haben die Voraussetzungen für das Aufkommen des Faschismus geschaffen. Die Bereitschaft, sich zu unterwerfen, der pervertierte Mut, der sich von Krieg und Selbstvernichtung anziehen lässt: Sie sind nur möglich auf der Grundlage einer – weitgehend unbewussten – Verzweiflung, die durch martiale Gesänge und Rufe nach dem Führer unterdrückt wird.

Der Mensch, der aufgehört hat, sich selbst zu lieben, ist zum Töten wie auch zum Sterben bereit. [...] Unser Problem lautet nicht, dass es zuviel Selbstsucht gibt, sondern dass es keine Selbstliebe gibt. Das Ziel muss sein, jene Voraussetzungen zu schaffen, die es dem Einzelnen möglich machen, seine Freiheit nicht nur in einem formalen Sinne zu verwirklichen, sondern indem er seine ganze Persönlichkeit – mit seinen intellektuellen, emotionalen und sinnlichen Eigenschaften – zur Entfaltung bringt. Diese Freiheit besagt nicht Herrschaft des einen Teils der Persönlichkeit über einen anderen – des Gewissens über die Natur, des Über-Ichs über das Es. Sie bedeutet die Integration der gesamten Persönlichkeit und das tatsächliche Ausdrücken aller Möglichkeiten dieses ganz gewordenen Menschen.

Liebe angesichts der Geschlechterfrage

Die Beziehung zwischen Mann und Frau ist offensichtlich ein äußerst schwieriges Problem, sonst würden nicht so viele Menschen mit ihr Schwierigkeiten haben. Ich will deshalb zunächst einige Fragen stellen, die diese Beziehung betreffen. Wenn ich meine Leser durch diese Fragen zu eigenem Nachdenken veranlassen kann, können sie vielleicht aus eigener Erfahrung einige Antworten beisteuern.

Die erste Frage, die ich stellen möchte, lautet: Ist nicht im Thema selbst bereits ein Trugschluss enthalten? Es scheint zu implizieren, dass die Schwierigkeiten in den Beziehungen zwischen Mann und Frau ihrem Wesen nach durch den Geschlechtsunterschied bedingt sind. Das trifft aber nicht zu. Bei der Beziehung zwischen Mann und Frau – zwischen Männern und Frauen – handelt es sich im Wesentlichen um eine Beziehung zwischen Menschen. Alles, was in der Beziehung zwischen einem menschlichen Wesen und einem anderen gut ist, ist auch gut in der Beziehung zwischen Mann und Frau, und alles, was in menschlichen Beziehungen schlecht ist, ist auch schlecht in der Beziehung zwischen Mann und Frau.

Die besonderen Mängel in den Beziehungen zwischen Männern und Frauen sind zum größten Teil nicht ihren männlichen oder weiblichen Charaktermerkmalen zuzuschreiben, sondern ihren zwischenmenschlichen Beziehungen.

Ich werde gleich noch auf dieses Problem zurückkommen, doch möchte ich zuvor noch eine weitere Qualifizierung des Gesamtthemas vornehmen. Bei der Beziehung zwischen Männern und Frauen handelt es sich um eine Beziehung zwischen einer siegreichen und einer besiegten Gruppe. Das mag sonderbar und merkwürdig klingen; aber wir müssen die Geschichte der Beziehung zwischen Männern und Frauen in den vergangenen fünftausend Jahren berücksichtigen, wenn wir verstehen wollen, wie die Geschichte die heutige Situation und die heutige Einstellung der Geschlechter zueinander und das, was sie voneinander wissen und füreinander fühlen, noch immer beeinflusst. Nur dann können wir an die Frage herangehen, in welcher spezifischen Weise sich Männer und Frauen voneinander unterscheiden, was für die Beziehung zwischen Männern und Frauen kennzeichnend ist, was ein Problem *sui generis* ist und nicht ein Problem der menschlichen Beziehungen.

Beginnen wir mit dieser zweiten Frage und definieren wir die Beziehung zwischen Männern und Frauen als die Beziehung zwischen einer siegreichen und einer besiegten Gruppe. Ich sagte bereits, dass dies heutzutage merkwürdig klingt, weil – besonders in den großen Städten – die Frauen offensichtlich nicht wie eine besiegte Gruppe wirken, sich auch nicht so fühlen und benehmen.

Es ist viel darüber diskutiert worden – und zwar nicht ohne Grund –, wer nun in unserer gegenwärtigen städtischen Kultur das stärkere Geschlecht sei. Ich halte das Problem jedoch keineswegs für gelöst, wenn man einfach feststellt, die Frauen hätten ihre Emanzipation erreicht und stünden daher mit den Männern auf gleicher Stufe. Meiner Ansicht nach spürt man den vieltausendjährigen Kampf noch an der besonderen Art der Beziehung zwischen Männern und Frauen in unserer heutigen Kultur.

Es gibt einige gute Beweise für die Annahme, dass die patriarchalische Gesellschaft, wie sie in China und Indien und in Europa und Amerika während der vergangenen fünf- bis sechstausend Jahre bestanden hat, nicht die einzige Form ist, in der die beiden Geschlechter ihr Leben organisiert haben. Vieles spricht dafür, dass – wenn nicht überall, dann doch vielerorts – den von Männern beherrschten patriarchalischen Gesellschaften matriarchalische vorausgingen. Diese waren dadurch gekennzeichnet, dass die Frauen und Mütter der Mittelpunkt der Familie und der Gesellschaft waren.

Die Frau nahm im Gesellschafts- und Familiensystem die beherrschende Stellung ein. Man findet in den verschiedenen Religionen noch heute Spuren ihrer Vorherrschaft. Spuren der alten Organisation finden sich sogar noch in einem Dokument, mit dem wir alle vertraut sind: im Alten Testament.

Wenn man versucht, die Geschichte von Adam und Eva mit einiger Objektivität zu lesen, dann findet man, dass gegen Eva und indirekt gegen Adam ein Fluch ausgesprochen wird; denn andere zu beherrschen, ist nicht viel besser, als von ihnen beherrscht zu werden. Als Strafe für Evas Sünde soll der Mann über sie herrschen, während sie nach ihm verlangt. (vgl. Gen 3,17).

Wenn die Herrschaft der Männer über die Frauen als ein *neues* Prinzip aufgestellt wird, dann muss es zuvor eine Zeit gegeben haben, wo das nicht so war, und wir besitzen tatsächlich Dokumente, aus denen dies hervorgeht. Wenn wir den babylonischen Schöpfungsbericht mit der biblischen Geschichte vergleichen, so finden wir, dass in dieser babylonischen Geschichte, die der biblischen zeitlich vorangeht, die Situation eine völlig andere ist. Im Mittelpunkt des babylonischen Berichts finden wir keinen männlichen Gott, sondern Tiamat, eine weibliche Gottheit. Ihre Söhne versuchen gegen sie aufzubegehren und besiegen sie schließlich, worauf sie die Herrschaft männlicher Gottheiten unter der Führung des großen babylonischen Gottes Marduk errichten.

Marduk muss in einer Prüfung seine Macht beweisen, dass er in der Lage ist, den Kampf gegen die weibliche Gottheit zu gewinnen. Er muss vorführen, dass er kraft seines Wortes ein Kleid zerstören und wiedererschaffen kann. Vielleicht kommt uns dieser Test etwas töricht vor, doch berührt er etwas Wesentliches. Die Frauen waren in einer matriarchalischen Gesellschaft den Männern in einer Hinsicht deutlich überlegen: Sie konnten Kinder zur Welt bringen, was die Männer nicht konnten. Der Versuch der

Männer, die Frauen zu entthronen, stand im Zusammenhang mit ihrem Anspruch, ebenfalls Dinge schaffen und zerstören zu können – nicht auf natürliche Weise, wie die Frauen, sondern durch das Wort und den Geist.

Die biblische Schöpfungsgeschichte beginnt dort, wo die babylonische Geschichte endet. Gott schafft die Welt mit seinem Wort, und um die Überlegenheit der patriarchalischen über die matriarchalische Kultur nachdrücklich zu betonen, berichtet uns die biblische Geschichte, Eva sei aus einem Mann und nicht der Mann aus einer Frau geboren.

Die patriarchalische Kultur – die Kultur, in der Männer dazu bestimmt scheinen, über Frauen zu herrschen, das stärkere Geschlecht zu sein – hat sich auf der ganzen Welt erhalten. Tatsächlich finden wir heute nur in kleinen primitiven Völkerschaften gewisse Überreste der älteren matriarchalischen Form. Erst in jüngster Zeit beginnt die Herrschaft des Mannes über die Frau zusammenzubrechen.

In einer patriarchalischen Gesellschaft existieren alle typischen Ideologien und Vorurteile, wie sie stets die herrschende Gruppe denen gegenüber entwickelt, die sie beherrscht: etwa dass die Frauen von ihren Gefühlen beherrscht würden und eitel seien, dass sie wie Kinder, keine guten Organisatoren, nicht so stark wie die Männer seien, dafür aber reizend.

Und dennoch widersprechen diese in den patriarchalischen Gesellschaften entwickelten Ideen vom Wesen der Frau ganz offensichtlich der Wirklichkeit. Woher kommt eigentlich die Idee, Frauen seien eitler als Männer? Ich glaube, dass jeder, der ein wenig genauer hinsieht, vor allem von den Männern sagen kann, dass sie eitel sind. Tatsächlich gibt es kaum etwas, bei dem nicht ihre Eitelkeit, anderen imponieren zu können, eine Rolle spielt.

Frauen sind weit weniger eitel als Männer. Freilich sind sie bisweilen gezwungen, eine gewisse Eitelkeit zur Schau zu tragen, weil sie sich als so genanntes schwächeres Geschlecht die Gunst der Männer erringen müssen oder mussten. Das Märchen, dass die Frauen eitler seien als die Männer, lässt sich aber bei unvoreingenommener Betrachtung nicht aufrechterhalten.

Nehmen wir ein anderes Vorurteil: Angeblich sollen Männer härter sein als Frauen. Jede Krankenschwester wird bestätigen, dass weit mehr Männer als Frauen bei einer Injektion oder Blutentnahme ohnmächtig werden, dass Frauen weit besser Schmerzen ertragen können, während sich die Männer wie kleine Kinder benehmen, die zu ihrer Mutter laufen wollen. Dennoch ist es den Männern im Laufe der Jahrhunderte – oder besser der Jahrtausende – gelungen, die Meinung zu verbreiten, sie seien das stärkere und härtere Geschlecht.

Daran ist weiter nichts Erstaunliches. Es ist eine jener Ideologien, die für jene Gruppe von Menschen typisch ist, die ihr Recht zur Herrschaft beweisen muss. Wenn man nicht die Mehrheit bildet, sondern fast genau die Hälfte der Menschheit ausmacht und jahrtausendelang behauptet hat, man habe das Recht, über die andere Hälfte zu herrschen, dann muss man sich einleuchtende Ideologien ausdenken, um die anderen – und sich selbst – von diesem Anspruch zu überzeugen.

Im achtzehnten und neunzehnten Jahrhundert wurde dann das Problem der Gleichberechtigung von Männern und Frauen tatsächlich akut. Während dieser Zeit entwickelte sich ein sehr interessantes Phänomen, dass nämlich diejenigen, die behaupteten, die Frauen sollten die gleichen Rechte wie die Männer bekommen, zugleich behaupteten, es bestehe psychologisch kein Unterschied zwischen den beiden Geschlechtern. Die Franzosen formulierten das so, dass die Seele geschlechtslos sei und dass es daher überhaupt keine psychologischen Unterschiede gebe. Diejenigen, die gegen die politische und gesellschaftliche Gleichstellung der Frauen waren, betonten mit oft sehr gescheiten und spitzfindigen Argumenten, wie stark sich Frauen psychologisch von Männern unterschieden. Natürlich schlossen sie daraus immer wieder, dass Frauen aufgrund dieser psychologischen Unterschiede weit besser daran wären und ihrer Bestimmung besser gerecht werden könnten, wenn sie nicht als Gleichberechtigte am sozialen und politischen Leben teilnähmen.

Wir finden bis zum heutigen Tag bei vielen Feministen, Progressiven und Liberalen und allen Gruppen, die für die Gleichberechtigung aller Menschen im Allgemeinen und der beiden Geschlechter im Besonderen sind, die Ansicht, dass keine Unterschiede bestünden, oder dass sie belanglos seien. Sie sagen, wenn je irgendwelche Unterschiede existierten, so seien diese auf die kulturelle Umgebung und die Erziehung zurückzuführen, aber wesensmäßige psychische Unterschiede zwischen den beiden Geschlechtern, die nicht die Folge von Umwelt- oder Erziehungsfaktoren seien, gebe es nicht.

Dieser bei den Verfechtern der Gleichberechtigung von Männern und Frauen so beliebte Standpunkt stimmt in vieler Hinsicht nicht. Er argumentiert, wie wenn man sagen wollte, es gebe keine psychologischen Unterschiede zwischen den verschiedenen Volksgruppen, und dass jeder, der das Wort „Rasse“ auch nur in den Mund nimmt, etwas

Entsetzliches sage. Wenn auch das Wort „Rasse“ als wissenschaftlicher Begriff vielleicht nicht gut gewählt ist, trifft es doch zu, dass es zwischen den Angehörigen verschiedener Völker in der Tat Unterschiede etwa im Körperbau und Temperament gibt.

Der zweite Grund, weshalb ich diese Art zu argumentieren für unangebracht halte, ist der, dass sie falsche Prinzipien suggeriert. Sie unterstellt die Idee, Gleichheit impliziere, dass ein jeder genauso ist wie jeder andere, dass Gleichheit Identität voraussetze. Tatsächlich aber implizieren Gleichheit und die Forderung nach Gleichberechtigung genau das Gegenteil: dass trotz aller Unterschiede kein Mensch von einem anderen als Werkzeug für seine Zwecke benutzt werden soll, dass jedes menschliche Wesen Selbstzweck ist. Das heißt aber, dass ein jeder die Freiheit haben sollte, seine besondere Individualität als Angehöriger seines Geschlechts und seines speziellen Volkes zu entwickeln. Gleichheit impliziert nicht die Leugnung von Unterschieden, sondern die Möglichkeit zu deren vollster Verwirklichung.

Wenn wir unter Gleichheit verstehen, dass es keine Unterschiede zwischen den Menschen gibt, dann leisten wir eben jenen Tendenzen Vorschub, die zu einer Verarmung unserer Kultur führen – das heißt zur „Automatisierung“ des Einzelnen und zur Schwächung dessen, was der wertvollste Bestandteil der menschlichen Existenz ist: die Entfaltung und Entwicklung der Besonderheiten eines jeden Menschen.

Wenn ich hier von *Besonderheiten* spreche, möchte ich daran erinnern, welch merkwürdiges Schicksal dieses Wort gehabt hat. Wenn wir heute von jemandem sagen, er sei „sonderbar“, so meinen wir damit nichts besonders Vorteilhaftes. Und dennoch sollte es das größte Kompliment sein, wenn man von jemandem sagt, er sei „etwas Besonderes". Denn eigentlich sollte man darunter doch verstehen, dass er nicht klein beigegeben hat, dass er sich den wertvollsten Teil der menschlichen Existenz, seine Individualität, bewahrt hat, dass er eine einzigartige Persönlichkeit ist, die sich von einem jeden anderen unter der Sonne unterscheidet.

Die irrtümliche Annahme, Gleichheit sei gleichbedeutend mit Identität, ist einer der Gründe für eine spezielle Erscheinung in unserer Kultur: dass die Unterschiede zwischen den Geschlechtern immer kleiner werden, dass sie vertuscht und hinwegargumentiert werden. Frauen versuchen sich wie Männer zu benehmen, und gelegentlich auch Männer wie Frauen, und die Polarität zwischen männlich und weiblich, zwischen Mann und Frau, verschwindet langsam.

Ich glaube, die einzige Lösung für dieses Problem ist – allgemein gesprochen – darin zu suchen, dass man auf eine gewisse Polarität in der Beziehung zwischen den Geschlechtern hinarbeitet. Man würde ja auch vom positiven und negativen Pol eines elektrischen Stromkreises nicht behaupten, dass der eine weniger wert sei als der andere. Man würde vielmehr sagen, dass das Potential zwischen ihnen durch ihre Polarität erzeugt wird und dass eben diese Polarität die Basis produktiver Kräfte ist.

Im gleichen Sinn sind die beiden Geschlechter und das, was sie symbolisieren – das männliche und das weibliche Prinzip in der Welt, im Universum und in jedem von uns – zwei Pole, die ihren Unterschied, ihre Polarität behalten müssen, um die fruchtbare Dynamik, die produktive Kraft zu erzeugen, die eben dieser Polarität entspringt.

Ich komme jetzt auf die zweite Prämisse zu sprechen: Die Beziehung zwischen Männern und Frauen ist nie besser, als die Beziehung zwischen Menschen in einer bestimmten Gesellschaft ist, aber auch nie schlechter. Unsere zwischenmenschlichen Beziehungen beeinflussen die Beziehungen zwischen Männern und Frauen am meisten durch das, was ich (in E. Fromm, 1947a, GA II) „Marketing-Orientierung" genannt habe. In Wirklichkeit sind wir alle schrecklich allein, obwohl wir – oberflächlich gesehen – so gesellig sind und mit so vielen Leuten „Kontakt" haben.

Der Durchschnittsmensch ist heute schrecklich allein und fühlt sich auch so. Er kommt sich vor, eine Ware zu sein und hat das Gefühl, sein Wert hänge von seinem Erfolg, von seiner Verkäuflichkeit und von der Anerkennung durch andere ab. Er merkt, dass sein Wert weder auf dem inneren oder auf dem *Gebrauchswert seiner* Persönlichkeit beruht, noch auf seiner Kraft oder Liebesfähigkeit und seinen menschlichen Qualitäten, es sei denn, er kann sie verkaufen oder hat mit ihnen Erfolg und andere anerkennen ihn. Das ist es, was ich mit „Marketing-Orientierung" meine.

Aus diesem Grunde ist die Selbstachtung der meisten Menschen heute sehr leicht zu erschüttern. Sie haben kein Selbstwertgefühl aus der Überzeugung: „Das bin ich, das ist meine Liebesfähigkeit und meine Fähigkeit zu denken und zu fühlen"; vielmehr fühlen sie sich nur wertvoll, wenn sie von anderen anerkannt werden, wenn sie sich verkaufen können, wenn andere sagen: „Du bist ein wunderbarer Mann" oder „Du bist eine wunderbare Frau".

Ein Selbstwertgefühl, das von anderen abhängig ist, wird immer unsicher sein. Jeder Tag bringt eine neue Bewährungsprobe, und jeden Tag muss man sich selbst und andere davon überzeugen, dass man in Ordnung ist.

Man kann die Situation fast mit der einer Handtasche vergleichen, die auf dem Ladentisch zum Verkauf ausliegt: Jene Handtasche, von deren Art im Laufe eines Tages viele verkauft wurden, könnte am Abend stolz auf sich sein, während eine andere, deren Art nicht mehr ganz der Mode entspricht oder die etwas zu teuer ist oder aus sonst einem Grund nicht so gut verkauft wurde, sich deprimiert fühlen würde. Die eine Handtasche könnte sich sagen: „Ich bin wunderbar"; die andere müsste sich eingestehen: „Ich bin nichts wert", obwohl die „wunderbare" Handtasche nicht schöner, brauchbarer oder von besserer Qualität sein muss als die andere. Die nicht-verkaufte Handtasche müsste das Gefühl haben, dass man sie nicht haben will. Der Vergleich zeigt, dass der Wert einer Handtasche von ihrem Erfolg abhängt, also davon, wie viele Käufer aus irgendeinem Grund die eine der anderen vorziehen.

Übertragen wir den Vergleich nochmals auf den Menschen, dann bedeutet das, dass keiner von uns etwas Besonderes sein darf, dass wir unsere Persönlichkeit immer für Veränderungen bereithalten müssen, um uns dem neuesten Stand anzupassen. Deshalb fühlen sich Eltern ihren Kindern gegenüber oft verlegen: Die Kinder wissen weit besser, was gerade „in" ist. Doch die Eltern sind durchaus bereit, sich belehren zu lassen und zu lernen. Genau wie ihre Kinder hören sie auf die letzten Preisnotierungen auf dem Personalmarkt. Die neuesten Marktnotierungen finden sie in den Kinos, auf den Alkohol- und Modereklamen, in den Angaben darüber, was *very important persons* (VIP) tragen und sagen. [...]

In welcher Weise beeinflusst diese „Marketing-Orientierung" die Beziehung zwischen den Geschlechtern – zwischen Männern und Frauen? Ich glaube, dass ein großer

Teil von dem, was unter der Bezeichnung Liebe läuft, dieses Suchen nach Erfolg und Anerkennung ist. Man braucht jemanden, der einem nicht nur um vier Uhr nachmittags, sondern auch um acht, um zehn und um zwölf Uhr sagt: „Du bist prima, du bist in Ordnung, du machst es richtig." Das ist ein Gesichtspunkt. Der andere ist der, dass man seinen Wert auch damit beweist, dass man sich den richtigen Partner auswählt. Man muss selbst das neueste Modell sein, denn dann hat man auch das Recht und die Pflicht, sich in das neueste Modell zu verlieben. Man kann das so grob ausdrücken wie jener Achtzehnjährige, der gefragt wurde, was das Ziel seines Lebens sei. Er sagte, er wolle sich einen besseren Wagen kaufen – er wolle seinen Ford in einen Buick umtauschen –, damit ihm Mädchen von besserer Klasse zur Verfügung stünden. Dieser Junge war wenigstens aufrichtig. Er drückte etwas aus, was – wenn auch in etwas verfeinerter Form – in unserer Kultur großenteils die Partnerwahl bestimmt.

Die Marketing-Orientierung hat noch eine andere Auswirkung auf die Beziehung zwischen den Geschlechtern. Hier ist alles auf bestimmte Vorbilder ausgerichtet, und wir sind eifrig bemüht, die letzte Mode mitzumachen und ihr entsprechend zu handeln. Aus diesem Grund ist die Rolle, die wir uns auserwählen – besonders unsere Geschlechtsrolle – stark vorgeprägt, aber diese Vorbilder sind sich nicht alle gleich und entsprechen sich nicht immer. Häufig stehen sie miteinander in Konflikt. Der Mann soll im Geschäftsleben aggressiv und daheim zärtlich sein. Er soll nur seinem Beruf leben, aber wenn er abends heimkommt, soll er nicht müde sein. Er soll den Kunden und der Konkurrenz gegenüber skrupellos sein, aber seiner Frau und seinen Kindern gegenüber soll er völlig aufrichtig sein. Er soll bei jedermann beliebt sein und dabei doch am meisten für seine Familie übrig haben.

Der moderne Mann versucht all dem gerecht zu werden, und allein die Tatsache, dass es ihm damit nicht allzu ernst ist, bewahrt ihn davor, verrückt zu werden. Das gleiche gilt für die Frauen. Auch sie müssen gewissen Vorstellungen entsprechen, die sich ebenso wenig miteinander vertragen, wie das bei den Männern der Fall ist.

Natürlich hat es zu jeder Zeit und in jeder Kultur gewisse Idealvorstellungen davon gegeben, was „männlich" und was „weiblich" ist; aber früher besaßen diese Vorstellungen wenigstens eine gewisse Stabilität. In einer Kultur aber, wo so viel davon abhängt, dass wir dem neuesten Stand entsprechen, dass wir „in" sind, dass alle mit uns einverstanden sind, dass wir uns genauso verhalten, wie man es von uns erwartet, bleiben die wirklichen Eigenschaften, die zu unserer männlichen oder weiblichen Rolle gehören, im Dunkeln. Die Beziehungen zwischen Mann und Frau haben nur noch wenig Spezifisches.

Wenn Männer und Frauen ihre Partnerwahl entsprechend der Marketing-Orientierung und entsprechend stark vorgeprägter Rollen treffen, ist es unvermeidlich, dass sie sich miteinander langweilen. Meiner Ansicht nach schenkt man dem Wort *Langeweile* nicht die Aufmerksamkeit, die ihm zukommt. Wir reden von allen möglichen schrecklichen Dingen, die Menschen zustoßen, aber wir reden nur selten von einem der allerschrecklichsten Dinge: dass man sich mit sich allein und – was noch schlimmer ist – gemeinsam langweilt.

Viele sehen nur zwei Auswege aus dieser Langeweile. Sie vermeiden sie, indem sie eine der vielen Möglichkeiten nutzen, die ihnen unsere Kultur anbietet. Sie besuchen Partys, schließen neue Bekanntschaften, trinken, spielen Karten, hören Radio und betrügen sich so jeden Tag und jeden Abend selber. Oder aber – und das hängt teilweise davon ab, welcher Gesellschaftsklasse sie angehören – sie bilden sich ein, alles werde sich ändern, wenn sie ihren Partner wechseln. Sie denken, mit ihrer Ehe sei es schief gegangen, weil sie an den falschen Partner geraten seien, und meinen, wenn sie den Partner wechselten, werde ihnen das die Langeweile vertreiben.

Sie sehen nicht, dass die wichtigste Frage nicht lautet: „Werde ich geliebt?", was weitgehend gleichbedeutend ist mit Fragen wie „Werde ich auch anerkannt?" – „Werde ich beschützt?" – „Werde ich bewundert?" –, sondern dass die Hauptfrage lautet: „Kann ich überhaupt lieben?"

Lieben ist in der Tat schwierig. Geliebt werden und sich verlieben ist eine Zeit lang sehr einfach, so lange bis man den anderen und sich selbst langweilt. Aber zu lieben und sozusagen „in der Liebe zu verharren", ist etwas Schwieriges – wenn es auch nichts Übermenschliches von uns verlangt, sondern in Wirklichkeit die wesentlichste menschliche Eigenschaft darstellt.

Wenn man nicht mit sich selbst allein sein kann, wenn man für andere und sich selbst kein echtes Interesse aufzubringen vermag, dann kann man auch mit einem anderen nicht zusammenleben, ohne sich nach einiger Zeit zu langweilen. Wenn die Beziehung zwischen den Geschlechtern zu einer Zuflucht vor der Einsamkeit und Isolation des Betreffenden wird, dann hat das nur wenig zu tun mit den Möglichkeiten, welche die wirkliche Beziehung zwischen Mann und Frau mit sich bringt.

Und noch einen weiteren Trugschluss möchte ich erwähnen. Ich meine den Irrtum, das wirkliche Problem zwischen den Geschlechtern sei die Sexualität. Vor 30 Jahren waren wir – oder doch viele von uns – noch sehr stolz darauf, als es in jener Zeit der sexuellen Emanzipation den Anschein hatte, dass man die Ketten der Vergangenheit gesprengt hätte und nun eine neue Phase menschlicher Beziehungen zwischen den Geschlechtern beginnen würde. Aber die Resultate waren keineswegs so wunderbar, wie viele erwarteten, weil nicht alles, was glitzert, Sexualität ist. Es gibt viele Motivationen für sexuelles Begehren, die nicht-sexuellen Ursprungs sind.

Eitelkeit ist einer der stärksten Antriebe für sexuelles Begehren; vielleicht ist sie sogar stärker als alles andere; aber auch Einsamkeit und das Aufbegehren gegen eine bestehende Beziehung kann der Anreiz sein. Ein Mann, der sich getrieben fühlt, neue sexuelle Eroberungen zu machen, meint, er werde durch die sexuelle Anziehung, die Frauen auf ihn ausüben, dazu motiviert, während ihn in Wirklichkeit seine Eitelkeit antreibt: Er möchte beweisen, dass er allen anderen Männern überlegen ist.

Es gibt keine sexuelle Beziehung, die besser wäre als die menschliche Beziehung zwischen den beiden Partnern selbst ist. Die sexuelle Beziehung ist oft ein Abkürzungsweg, um sich näher zu kommen, aber sie ist höchst trügerisch. Sexualität ist zwar ganz sicher ein wichtiger Bestandteil menschlicher Beziehungen, aber sie ist in unserer Kultur derart überbelastet mit allen möglichen anderen Funktionen, dass ich fürchte, dass das, was uns als großartige sexuelle Freiheit vorkommt, keineswegs ausschließlich eine Angelegenheit der Sexualität ist.

Wissen wir denn überhaupt etwas über die wirklichen Unterschiede zwischen Mann und Frau? Alles, was ich bisher dazu sagte, war negativ. Wer eine klare Feststellung der

Unterschiede zwischen Männern und Frauen erwartete, muss sich enttäuscht fühlen. Ich glaube nicht, dass wir sie kennen. Angesichts des bisher Festgestellten können wir gar nichts darüber wissen. Wenn die beiden Geschlechter Tausende von Jahren miteinander gekämpft haben, wenn sie Vorurteile gegeneinander entwickelt haben, die für derartige Kampfsituationen kennzeichnend sind, wie können wir dann zum gegenwärtigen Zeitpunkt wissen, welches die wirklichen Unterschiede sind?

Nur wenn wir nicht an die Unterschiede denken, wenn wir die Klischees vergessen, können wir ein Gefühl für jene Gleichheit entwickeln, bei der jeder Partner Selbstzweck ist. Nur dann können wir etwas über die Unterschiede zwischen Mann und Frau erfahren.

Auf einen Unterschied möchte ich besonders hinweisen. Meiner Meinung nach besitzt dieser Unterschied für den Erfolg einer Beziehung zwischen Mann und Frau eine gewisse Bedeutung, und wir sollten ihn in unserer Kultur berücksichtigen. Ich habe den Eindruck, dass Frauen die Fähigkeit, zärtlich zu sein, in stärkerem Maße besitzen als Männer. Das ist nicht weiter verwunderlich, weil Zärtlichkeit in der Beziehung der Mutter zu ihrem Kind etwas sehr Wichtiges ist.

Besonders in psychologischen Vorträgen wird heute betont, wie wichtig es sei, darauf zu achten, wann ein Kind gestillt wird, wann es von der Mutterbrust entwöhnt werden soll und wie man es an Sauberkeit gewöhnt. Man hält sich an diese Vorschriften und glaubt, auf diese Weise zu glücklichen Kindern zu kommen. Dabei wird vergessen, dass in Wirklichkeit nur eines wichtig ist: die Zärtlichkeit der Mutter zum Kind. Zur Zärtlichkeit gehört viel. Es gehört Liebe dazu, Achtung und wissendes Verstehen. Zärtlichkeit ist etwas grundsätzlich anderes als etwa Sexualität, Hunger oder Durst. Psychologisch gesehen sind Triebe wie Sexualität, Hunger und Durst durch eine sich selbst steuernde Dynamik gekennzeichnet: Sie werden immer intensiver, bis sie ziemlich plötzlich einen Höhepunkt erreichen, wo sie befriedigt werden und der Betreffende für den Augenblick nichts weiter will.

Die Zärtlichkeit gehört zu einer anderen Art von Begehren und Trieb. Zärtlichkeit erfolgt nicht selbsttätig, sie hat kein Ziel, sie hat keinen Höhepunkt und ist nicht plötzlich zu Ende. Sie findet ihre Befriedigung im Akt selbst, in der Freude liebevoll und warm zu sein, den anderen wichtig zu nehmen, zu achten und ihn zu beglücken.

Ich habe den Eindruck, dass in unserer Kultur nur noch wenig Zärtlichkeit zu finden ist. Man denke nur an die Liebesgeschichten im Kino. [...] Wie oft findet man in einem Film einmal wirkliche Zärtlichkeit zwischen den Geschlechtern oder zwischen Erwachsenen und Kindern oder zwischen menschlichen Wesen? Doch nur sehr selten. Ich behaupte nicht, dass wir nicht die Fähigkeit zur Zärtlichkeit besitzen, sondern nur, dass uns unsere Kultur den Mut zur Zärtlichkeit nimmt. Das liegt teilweise auch daran, dass unsere Kultur zweckorientiert ist. Alles hat seinen Zweck, alles zielt auf etwas Bestimmtes ab; man muss immer etwas erreichen.

Wir versuchen Zeit zu gewinnen – und dann wissen wir nicht, was wir mit der Zeit anfangen sollen und schlagen sie tot. Unser erster Impuls ist immer, etwas zu erreichen. Wir haben kaum noch ein Gefühl für den Lebensprozess selbst, ohne irgendetwas erreichen zu wollen, nur zu leben, nur zu essen oder zu trinken oder zu schlafen oder zu denken oder etwas zu fühlen oder zu sehen. Wenn das Leben keinen

Zweck verfolgt, sind wir unsicher: Wozu ist es dann da? Auch die Zärtlichkeit verfolgt keinen Zweck. Sie hat nicht den physiologischen Zweck, Entspannung oder eine plötzliche Befriedigung zu bewirken wie die Sexualität. Sie hat keinen anderen Zweck, als sich an dem warmen, lustvollen, fürsorglichen Gefühl für einen anderen Menschen zu freuen.

Deshalb scheuen wir die Zärtlichkeit. Die Menschen – besonders die Männer – fühlen sich unbehaglich, wenn sie Zärtlichkeit offen bekunden. Außerdem hindert eben der Versuch, die Unterschiede zwischen den Geschlechtern zu leugnen, so dass Männer und Frauen möglichst gleich sind, die Frauen daran, all die Zärtlichkeit zu zeigen, derer sie fähig sind und die etwas spezifisch Weibliches ist.

Hier komme ich wieder auf meinen Ausgangspunkt zurück, dass der Kampf zwischen den Geschlechtern noch nicht zu Ende sei. In Amerika haben die Frauen weitgehend ihre Gleichberechtigung errungen. Diese Gleichberechtigung ist noch nicht vollkommen, aber sie ist immerhin viel größer, als es früher der Fall war. Trotzdem müssen die Frauen diese Errungenschaft immer noch verteidigen. Sie suchen voller Eifer zu beweisen, dass sie deshalb ein Recht auf Gleichberechtigung haben, weil sie sich möglichst wenig von den Männern unterscheiden. Und deshalb unterdrücken sie ihre Impulse zur Zärtlichkeit. Die Folge ist, dass die Männer die Zärtlichkeit vermissen und dass sie das Gefühl haben, als Ersatz dafür müssten sie bewundert werden, damit ihr Selbstgefühl zu seinem Recht komme. So befinden sie sich in einem Zustand ständiger Abhängigkeit und Angst. Die Frauen ihrerseits fühlen sich frustriert, weil sie nicht in voller Freiheit die Rolle ihres eigenen Geschlechts spielen dürfen.

Abschließend möchte ich nochmals bezüglich des Unterschieds zwischen Mann und Frau betonen: Wer den Unterschied zwischen Mann und Frau erkennen möchte, sollte nicht darüber nachdenken und sich nicht den Kopf zerbrechen, ob er der typische Mann oder die typische Frau ist; vielmehr sollte man sich einfach gestatten, ein volles, spontanes Leben als menschliches Wesen zu führen. Nur wer sich nicht andauernd fragt: „Spiele ich auch die Rolle richtig und mit Erfolg?“ wird die tiefe Polarität zwischen den Geschlechtern und in jedem einzelnen Menschen selbst in ihrer vollen produktiven Kraft erfahren.

Der Narzissmus als Gegenpol der Liebe

Freud postulierte, dass der Mensch sich auf zwei entgegengesetzte Weisen orientieren kann: Sein Hauptinteresse, seine Liebe, das, was ihm am Herzen liegt, oder wie Freud es nennt, seine Libido (seine sexuelle Energie) kann sich auf ihn selbst oder auf die Außenwelt richten, auf Menschen, auf Ideen, auf die Natur und auf vom Menschen hergestellte Dinge. [...]

Freud gelang es nicht, den Narzissmus als den Gegenpol der Liebe zu definieren. Er konnte dies nicht, weil die Liebe für ihn nur als Bindung des Mannes an die ihn nährende Frau existierte. Nach Freud verleiht es dem Mann Kraft, wenn er von der von ihm eroberten Frau *geliebt* wird, aktiv zu lieben dagegen schwächt ihn. [...] Während nach Freud die Liebe des Mannes „anaklitisch“ ist, das heißt die Person, die ihn nährt, zum Objekt hat, ist für ihn die Liebe der Frau narzisstisch. Frauen können nur sich selber lieben und können an der großen Leistung der Männer nicht teilhaben: die Hand zu lieben, die sie nährt. Freud merkte nicht, dass die Frauen aus seiner Gesellschaftsklasse in der Regel frigid waren, eben weil die Männer sie frigide haben wollten, weil sie sich so verhalten sollten, als ob sie ihr Eigentum wären, und weil sie ihnen nicht einmal im Bett „eine separate, aber gleichwertige“ Rolle zubilligten. Der bürgerliche Mann bekam die Frau, wie er sie sich vorstellte, und er rationalisierte seine Überlegenheit damit, dass er glaubte, diese entstellte – durch ihn entstellte – Frau verlange nichts weiter als ernährt und versorgt zu werden. Es ist dies natürlich eine typisch männliche Propaganda im Krieg der Geschlechter, genau wie die Behauptung, dass die Frauen weniger realistisch eingestellt und weniger mutig seien als die Männer. Tatsächlich aber wird diese verrückte Welt, die in immer neue Katastrophen hineinrennt, von Männern beherrscht. Was aber den Mut betrifft, so weiß jeder, dass eine kranke Frau mit den damit verbundenen Schwierigkeiten weit besser fertig wird als ein kranker Mann, der nach seiner Mutter verlangt. Was den Narzissmus angeht, so sehen die Frauen sich gezwungen, sich attraktiv darzubieten, weil sie auf dem Sklavenmarkt ausgestellt werden; wenn sie aber lieben, dann lieben sie tiefer und verlässlicher als die Männer, die umherschweifen und ihren Narzissmus mit ihrem Penis zu befriedigen suchen, auf den sie so stolz sind.

Als Freud dieses entstellte Bild der Frau präsentierte, konnte selbst er nicht umhin, sich zu überlegen, ob er dabei auch ganz objektiv gewesen sei. Aber er verscheuchte elegant jeden Zweifel: „Vielleicht ist es nicht überflüssig, zu versichern, dass mir bei dieser Schilderung des weiblichen Liebeslebens jede Tendenz zur Herabsetzung des Weibes fern liegt. Abgesehen davon, dass mir Tendenzen überhaupt fern liegen, ich weiß auch, dass diese Ausbildungen nach verschiedenen Richtungen der Differenzierung von Funktionen in einem höchst komplizierten biologischen Zusammenhang entsprechen; ich bin ferner bereit zuzugestehen, dass es unbestimmt viele Frauen gibt, die nach dem männlichen Typus lieben und auch die dazugehörige Sexualüberschätzung entfalten" (S. Freud, 1914c, S. 156).

Das ist in der Tat eine elegante, wenn auch keine psychoanalytische Ausrede. Welche Selbstüberschätzung spricht daraus, wenn ein Mann uns versichert, dass ihm „Tendenzen überhaupt fern liegen", und das gerade bei einer Frage, die so offensichtlich mit emotionalem Dynamit geladen ist. (Diese Behauptung zeigt, wie begrenzt auch Freuds Selbsterkenntnis war. Er traf gewisse dogmatische Feststellungen über bestimmte Züge seiner Persönlichkeit, die er „offensichtlich" nicht besitzen konnte.)

Die physiologische Vorstellung von der Libidobesetzung des Ich (im Gegensatz zur libidinösen Besetzung von Objekten) erschwert es all jenen, die nicht gerade zu den Eingeweihten gehören, das Wesen des Narzissmus an Hand der eigenen Erfahrung zu verstehen. Aus diesem Grund möchte ich es auf eine etwas eingängigere Art erklären.

Für den narzisstischen Menschen ist der einzige Bereich, der ihm ganz real vorkommt, seine eigene Person: *seine* Gefühle, *seine* Gedanken, *sein* Ehrgeiz, *seine* Wünsche, *sein* Körper, *seine* Familie, alles, was *er* ist oder was ihm gehört. Was er glaubt, ist wahr, eben weil er es glaubt. Selbst seine schlechten Eigenschaften sind etwas Schönes, weil es seine Eigenschaften sind. Alles, was sich auf ihn bezieht, hat Farbe und volle Realität. Jeder und alles außerhalb von ihm ist grau, hässlich, farblos und kaum existent.

Ich möchte folgendes Beispiel dafür anführen: Ein Mann rief mich an und bat um einen Termin. Ich erwiderte ihm, ich hätte diese Woche keine Zeit für ihn, sondern erst in der nächsten Woche. Er setzte mir daraufhin auseinander, dass er ganz in der Nähe meiner Praxis wohne und dass es ihn daher nur wenig Zeit koste, zu mir herüberzukommen. Als ich ihm klarzumachen suchte, dass das zwar für ihn bequem sei, aber nichts an der Tatsache ändere, dass ich keine Zeit für ihn habe, machte ihm das überhaupt keinen Eindruck, und er wiederholte immer wieder das gleiche Argument. Dies ist ein Beispiel für einen ziemlich schweren Fall von Narzissmus, denn dieser Mann war völlig unfähig, zwischen meinen und seinen Bedürfnissen zu unterscheiden.

Offensichtlich ist es ein erheblicher Unterschied, ob und wie intelligent, künstlerisch begabt und klug solch ein überaus narzisstischer Mensch ist. Viele Künstler und sehr kreative Schriftsteller, Dirigenten, Tänzer und Politiker sind außerordentlich narzisstisch; ihr Narzissmus beeinträchtigt ihre Kunst nicht, sondern er ist ihr im Gegenteil oft geradezu förderlich. Sie müssen das zum Ausdruck bringen, was sie subjektiv empfinden, und die Darbietung ist um so besser, je größer die Rolle ihrer Subjektivität dabei ist. Tatsächlich ist der narzisstische Mensch gerade durch seinen Narzissmus besonders attraktiv. Man denke zum Beispiel an einen narzisstischen Unterhaltungskünstler. Er ist ganz erfüllt von sich; er stellt seinen Körper und seinen Witz mit dem Stolz, ein kostbares Juwel zu besitzen, zur Schau. Er zweifelt nie an sich, wie ein weniger narzisstischer Mensch es notwendigerweise tut. An allem, was er sagt und tut, wie er geht und sich bewegt, hat er seine Freude wie an einer exzellenten Vorstellung und gleichzeitig ist er selbst sein größter Bewunderer.

Ich vermute, dass der Grund für die Attraktivität eines narzisstischen Menschen darin zu suchen ist, dass er das darstellt, was der Durchschnittsmensch selbst gerne wäre: Er ist selbstsicher, er kennt keine Zweifel, er fühlt sich jeder Situation gewachsen. Der Durchschnittsmensch hat diese Sicherheit nicht, er wird oft von Zweifeln geplagt und neigt dazu, andere zu bewundern, von denen er glaubt, dass sie ihm überlegen seien. Der narzisstische Mensch ist sozusagen das, was der Durchschnittsmensch gerne wäre. Man könnte sich fragen, weshalb ein übertriebener Narzissmus die Menschen nicht abstößt. Weshalb nehmen sie den Mangel an wirklicher Liebe nicht übel? Diese Frage ist leicht zu beantworten. Die wahre Liebe ist heute so rar geworden, dass sie fast außerhalb des Gesichtsfeldes der meisten Menschen liegt. Ein narzisstischer Mensch liebt wenigstens *eine* Person, nämlich sich selbst.

Der völlig unbegabte Narzisst kann freilich nur lächerlich wirken. Ist er dagegen außergewöhnlich begabt, so ist ihm der Erfolg praktisch garantiert. Oft findet man narzisstische Menschen unter den erfolgreichen Politikern. Aber selbst wenn sie begabt sind, wäre der Eindruck, den sie hinterlassen, ohne den Narzissmus, den sie geradezu ausstrahlen, nicht so groß. Anstatt das Gefühl zu haben „Wie können sie nur wagen, derart arrogant zu sein?“, fühlen sich viele von dem projizierten narzisstischen Selbstbild so angezogen, dass sie darin nicht mehr und nicht weniger sehen, als die angemessene Selbsteinschätzung eines höchst begabten Menschen.

Es ist wichtig zu erkennen, dass der Narzissmus, den man auch als „Selbst-Verliebtheit“ bezeichnen könnte, das Gegenteil von Liebe ist, wenn man unter Liebe versteht, dass man sich vergisst und sich mehr um andere sorgt als um sich selbst.

Ebenso wesentlich ist der Widerspruch zwischen Narzissmus und Vernunft. Nachdem wir gerade von den Politikern gesagt haben, sie seien Musterbeispiele narzisstischer Persönlichkeiten, scheint die Feststellung, dass Narzissmus und Vernunft sich im Konflikt miteinander befinden, geradezu absurd. Aber ich spreche hier nicht von Intelligenz, sondern von Vernunft. Die manipulative Intelligenz („instrumentelle Vernunft") ist die Fähigkeit, das Denken dazu zu benutzen, die uns umgebende Welt zu unseren Zwecken zu manipulieren. Vernunft ist die Fähigkeit, die Dinge so zu erkennen, wie sie sind, ohne Rücksicht darauf, wie wertvoll oder wie gefährlich sie für uns sind. Vernunft zielt auf die Erkenntnis von Dingen und Menschen in ihrem Sosein ab, ohne dass sie von unserem subjektiven Interesse entstellt werden. Wir können von „Cleverness" als einer Form manipulativer Intelligenz sprechen. Weisheit entspringt demgegenüber der Vernunft. Ein narzisstischer Mensch kann äußerst clever sein, wenn seine manipulative Intelligenz ungewöhnlich groß ist. Aber er wird wahrscheinlich auch schwere Fehler machen, weil sein Narzissmus ihn dazu verführt, allzu sehr auf *seine* eigenen Wünsche und Gedanken zu vertrauen und anzunehmen, er habe sein Ziel bereits erreicht, weil es *seine* Wünsche und *seine* Gedanken sind.

Narzissmus wird oft mit Egoismus verwechselt. Freud hielt den Narzissmus für den libidinösen Aspekt des Egoismus; das heißt, die Leidenschaftlichkeit des Egoismus gründet nach Freud in der libidinösen Besetzung des Ichs. Aber diese Erklärung befriedigt nicht ganz. Ein egoistischer Mensch kann die Welt durchaus unentstellt sehen. Er kann seinen eigenen Gedanken und Gefühlen unter Umständen keinen größeren Wert beimessen als den, den sie in der

Außenwelt haben. Er kann die Welt – einschließlich der Rolle, die er selbst darin spielt – völlig objektiv sehen. Egoismus ist seinem Wesen nach eine Form der Gier. Der Egoist möchte alles für sich selbst haben, er möchte nicht mit anderen teilen, er sieht in anderen eher eine Bedrohung als potentielle Freunde. Was Freud in seinen frühen Schriften als „Selbstinteresse" bezeichnete, hat beim Egoisten mehr oder weniger die Oberhand gewonnen. Aber diese Vorrangigkeit des „Selbstinteresses" muss nicht unbedingt dazu führen, dass der Egoist sich von sich selbst und von seiner Umwelt ein entstelltes Bild macht, wie dies ein narzisstischer Mensch tut.

Unter allen Charakterorientierungen erkennt man den eigenen Narzissmus bei weitem am schwersten. In dem Maß, wie jemand narzisstisch ist, glorifiziert er sich selbst und ist nicht in der Lage, die eigenen Fehler und Grenzen zu sehen. Er ist überzeugt, dass das Bild eines wunderbaren Menschen, das er sich von sich selbst macht, richtig ist, und da es sich um *sein* Bild von sich handelt, hat er keinen Grund, an seiner Richtigkeit zu zweifeln. Ein weiterer Grund dafür, dass man den Narzissmus bei sich selbst nur so schwer erkennt, ist die Tatsache, dass viele narzisstische Menschen zu demonstrieren versuchen, dass sie alles andere als narzisstisch sind. Eines der häufigsten Beispiele dafür ist der Versuch, seinen Narzissmus hinter einem Verhalten zu verbergen, das durch Fürsorge und Hilfe für andere gekennzeichnet ist. Solche Menschen verwenden viel Energie und Zeit darauf, anderen zu helfen, ja sie bringen sogar Opfer für sie, sind freundlich zu ihnen usw., und das alles mit dem (meist unbewussten) Ziel, ihren Narzissmus zu verleugnen. Wie wir alle wissen, gilt das Gleiche für Menschen, die besonders bescheiden oder demütig sind. Sie versuchen nicht nur, ihren Narzissmus zu verbergen, sie befriedigen ihn gleichzeitig damit, dass sie auf ihre Freundlichkeit oder Bescheidenheit narzisstisch stolz sind. Ein hübsches Beispiel dafür ist der Witz von dem Mann, der im Sterben liegt und hört, wie seine Freunde, die an seinem Bett stehen, ihn loben, wie gelehrt, wie intelligent, wie gütig und besorgt er sei. Der Sterbende hört sich das an, und als sie mit ihrem Lob fertig sind, ruft er ärgerlich: „Und meine Bescheidenheit habt ihr überhaupt nicht erwähnt!"

Der Narzissmus trägt viele Masken: Heiligkeit, Pflichtbewusstsein, Freundlichkeit und Liebe, Bescheidenheit und Stolz. Er reicht von der Haltung eines hochmütigen und arroganten Menschen bis zu der einer bescheidenen und unaufdringlichen Person.

Jeder kennt viele Tricks, mit denen er seinen Narzissmus tarnt, wobei er sich kaum bewusst ist, dass er das tut und weshalb er es tut. Wenn es einem narzisstischen Menschen gelingt, andere dazu zu bringen, ihn zu bewundern, so ist er glücklich und funktioniert gut. Gelingt es ihm aber nicht, andere davon zu überzeugen – wird sein Narzissmus also angekratzt –, dann kann es sein, dass er wie ein Ballon, aus dem man das Gas ablässt, in sich zusammensinkt. Oder er gerät vielleicht auch in eine wilde, unversöhnliche Wut. Wenn man einen solchen Menschen verwundet, dann kann das entweder zu einer Depression oder zu unversöhnlichem Hass führen.

Besonders interessant ist der *Gruppennarzissmus.* Der Gruppennarzissmus ist ein Phänomen von größter politischer Bedeutung. Schließlich lebt der Durchschnittsmensch unter gesellschaftlichen Umständen, welche die Entwicklung eines intensiven Narzissmus einschränken. Was sollte auch den Narzissmus eines armen Menschen fördern, der nur wenig soziales Prestige genießt und auf den selbst die eigenen Kinder herabblicken? Er ist ein Nichts. Wenn er sich jedoch mit seiner Nation identifizieren oder wenn er seinen persönlichen Narzissmus auf die Nation übertragen kann, dann ist er alles. Wenn jemand sagen würde: „Ich bin der wunderbarste Mensch auf der Welt; ich bin der Sauberste, der Klügste, der Tüchtigste und Gebildetste von allen, ich bin allen anderen auf der Welt überlegen", dann würde sich jeder, der dies hört, angewidert abwenden und das Gefühl haben, der Betreffende sei verrückt. Wenn aber jemand seine Nation auf diese Weise beschreibt, dann nimmt sich niemand von dieser Meinung aus. Im Gegenteil, wenn jemand sagt: „Mein Volk ist das stärkste, das kultivierteste, das friedliebendste und begabteste unter allen Völkern", dann hält man ihn nicht etwa für verrückt, sondern für einen sehr patriotischen Bürger.

Das gleiche gilt für den religiösen Narzissmus. Dass Millionen von Religionsanhängern behaupten können, sie allein seien im Besitz der Wahrheit, ihre Religion sei der einzige Weg zum Heil, hält man für völlig normal. Andere Beispiele für Gruppennarzissmus sind politische und wissenschaftliche Gruppierungen. Der Einzelne befriedigt seinen Narzissmus, indem er dazugehört und sich mit der Gruppe identifiziert. Nicht er, der Niemand, ist groß, sondern er, das Mitglied der wunderbarsten Gruppe der Welt. Er könnte freilich einwenden, woher man die Sicherheit nehme, dass seine Einschätzung der eigenen Gruppe nicht tatsächlich richtig sei. Einmal kann eine Gruppe kaum so vollkommen sein, wie ihre Mitglieder sie schildern. Der wichtigste Grund aber ist die Beobachtung, dass auf jede Kritik an der Gruppe mit einer intensiven

Wut reagiert wird, mit jener typischen Reaktion, die wir auch in Fällen gefunden haben, in denen der individuelle Narzissmus verletzt wurde. Der narzisstische Charakter der nationalen, politischen und religiösen Gruppenreaktion ist die Wurzel eines jeden Fanatismus. Wenn die Gruppe zur Verkörperung des eigenen Narzissmus wird, so bedeutet jede Kritik an der Gruppe, dass man sich selbst angegriffen fühlt.

Im Falle eines kalten oder heißen Krieges nimmt der Narzissmus noch drastischere Formen an. Das eigene Volk ist dann vollkommen, friedliebend, kultiviert usw.; das Volk des Feindes dagegen ist das genaue Gegenteil: es ist gemein, verräterisch, grausam usw. In Wirklichkeit sind sich die meisten Nationen in Bezug auf das Verhältnis ihrer guten und schlechten Eigenschaften ziemlich gleich; aber jedes Volk hat seine spezifischen Tugenden und Laster. Der narzisstische Nationalismus sieht nun aber nur die Tugenden des eigenen Volkes und nur die Laster der anderen Seite. Solche Beobachtungen sind deshalb so eindrucksvoll, weil sie stimmen; falsch daran ist nur, dass man die schlechten Eigenschaften des eigenen Volkes und die guten Eigenschaften der feindlichen Nation außer Acht lässt. Die Mobilisierung des Gruppennarzissmus ist eine der wichtigsten Voraussetzungen für die Vorbereitung eines Krieges. Man muss schon lange vor dem Ausbruch des Krieges damit anfangen, doch wird sie immer intensiver, je mehr sich die betreffenden Völker dem Krieg nähern. Die Gefühle zu Anfang des Ersten Weltkriegs waren ein gutes Beispiel dafür, dass die Vernunft zum Schweigen kommt, wenn der Narzissmus regiert. Die britische Kriegspropaganda beschuldigte die deutschen Soldaten, sie hätten in Belgien kleine Kinder auf ihren Bajonetten aufgespießt (was eine glatte Lüge war, die aber von vielen im Westen geglaubt wurde), die Deutschen bezeichneten die Briten als eine Nation betrügerischer Händler, während sie sich selbst für Helden hielten, die für Freiheit und Gerechtigkeit kämpften.

Kann dieser Gruppennarzissmus jemals verschwinden und mit ihm auch eine der Voraussetzungen für den Krieg? Tatsächlich gibt es keinen Grund anzunehmen, dass dies unmöglich ist. Die Bedingungen für sein Verschwinden sind mannigfacher Art. Eine Voraussetzung ist, dass das Leben der Einzelnen so reich und interessant ist, dass sie voller Interesse und Liebe miteinander in Beziehung treten können. Das setzt aber eine Gesellschaftsstruktur voraus, welche die Existenzweise des Seins und Miteinander-Teilens fördert und nicht die des Habens und Besitzens (vgl. E. Fromm, 1976a). Mit der Entwicklung von Interesse und Liebe für den anderen nimmt der Narzissmus mehr und mehr ab. Das wichtigste und schwierigste Problem ist jedoch die Tatsache, dass der Gruppennarzissmus von der Grundstruktur der Gesellschaft abhängen kann, und die Frage, wie diese zustande kommt. Ich will versuchen, eine Antwort zu skizzieren, indem ich die Beziehung zwischen der Struktur der kybernetischen Industriegesellschaft und der narzisstischen Entwicklung des Individuums analysiere.

Die erste Ursache für die Zunahme des Narzissmus in der Industriegesellschaft ist die Isolierung und Feindseligkeit der Menschen untereinander. Diese Feindseligkeit ist eine unausbleibliche Folge eines Wirtschaftssystems, das auf skrupellose Selbstsucht und auf das Prinzip aufbaut, dass man seinen eigenen Vorteil auf Kosten anderer sucht. Wenn man nicht bereit ist, miteinander zu teilen und aufeinander Rücksicht zu nehmen, muss der Narzissmus gedeihen. Aber die wichtigste Ursache für die Entwicklung des Narzissmus, die sich in vollem Maß erst in den letzten Jahrzehnten herausbildete, ist die Vergötterung unserer industriellen Produktion. Der Mensch hat sich selber zu einem Gott gemacht. Er hat eine neue Welt geschaffen, die Welt der vom Menschen geschaffenen Dinge, wobei er die alte Schöpfung lediglich als Rohmaterial verwendet. Der moderne Mensch hat die Geheimnisse des Mikrokosmos wie auch die des Makrokosmos aufgedeckt; er hat die Geheimnisse des Atoms und die Geheimnisse des Kosmos entdeckt und unsere Erde zu einem unendlich kleinen Gebilde in den Galaxien degradiert. Der Wissenschaftler, der diese Entdeckungen machte, musste die Dinge so sehen, wie sie sind, objektiv, und daher mit nur geringem Narzissmus. Der Verbraucher aber braucht nicht den Geist eines Wissenschaftlers zu haben, genauso wenig wie die Techniker und die Praktiker der angewandten Naturwissenschaften. Der allergrößte Teil der Menschheit brauchte die neue Technik nicht selbst zu erfinden, sondern konnte sie entsprechend den neuen theoretischen Einsichten aufbauen und bewundern.

So kam es, dass der moderne Mensch einen immensen Stolz auf seine Schöpfung entwickelt hat. Er hält sich selbst für einen Gott, er fühlt seine Größe, wenn er die Großartigkeit der vom Menschen geschaffenen neuen Erde betrachtet. Indem er seine zweite Schöpfung bewundert, bewundert er sich selbst. Die von ihm erschaffene Welt, die Nutzbarmachung der Energie von Kohle und Öl und jetzt auch der Atomenergie, ganz besonders aber die scheinbar grenzenlosen Fähigkeiten seines Intellekts sind zum Spiegel geworden, in dem er sich erblickt. Der Mensch schaut in diesen Spiegel, der ihm nicht seine Schönheit, sondern seine Erfindungsgabe und seine Macht zeigt. Wird er in seinem Spiegel ertrinken, wie Narziss ertrank, als er seinen schönen Körper im See betrachtete?

Quellennachweise

LIEBEN WIR WIRKLICH NOCH DAS LEBEN? wurde erstmals unter dem Titel „Do We Still Love Life?“ in *McCalls*, New York, Jahrgang 94 (August 1967), S. 57 und 108–110, veröffentlicht. Eine deutsche Übersetzung erschien erstmals unter dem Titel „Die Faszination der Gewalt und die Liebe zum Leben“ in: E. Fromm, *Liebe, Sexualität, Matriarchat. Beiträge zur Geschlechterfrage*, hg. von Rainer Funk, München (Deutscher Taschenbuch Verlag; Dialog und Praxis 35071) 1994, S. 211–224. Die Wiedergabe hier folgt der verbesserten Übersetzung in: *Erich Fromm Gesamtausgabe in zwölf Bänden*, München (Deutsche Verlags-Anstalt und Deutscher Taschenbuch Verlag) 1999, Band: XI, S. 339–348.
Copyright © 1967 by Erich Fromm.
Übersetzung aus dem Amerikanischen von Rainer Funk.

PSYCHOLOGISCHE ZUGÄNGE ist dem ersten von sechs Rundfunkbeiträgen entnommen, die Erich Fromm 1971 zum Thema „Überfluss und Überdruss in unserer Gesellschaft“ im Süddeutschen Rundfunk hielt. Die Erstveröffentlichung erfolgte in E. Fromm, *Über die Liebe zum Leben. Rundfunksendungen*, hg. von Hans Jürgen Schultz, Stuttgart (Deutsche Verlags-Anstalt) 1983,

S. 12–15. Der hier zugänglich gemachte Text folgt dem Wiederabdruck in *Erich Fromm Gesamtausgabe in zwölf Bänden*, München (Deutsche Verlags-Anstalt und Deutscher Taschenbuch Verlag) 1999, Band XI, S. 306–308.
Copyright © 1971 by Erich Fromm.

DER GEGENWÄRTIGE ZUSTAND DES MENSCHEN wurde erstmals unter dem Titel *The Present Human Condition* in *The American Scholar*, New Haven, Jahrgang 25 (1955/56), S. 29–35, veröffentlicht; eine erste deutsche Übersetzung erschien in: E. Fromm, *Das Christusdogma und andere Essays*, München (Szczesny Verlag) 1965. Der hier wiedergegebene Text folgt der verbesserten Übersetzung in *Erich Fromm Gesamtausgabe in zwölf Bänden*, München (Deutsche Verlags-Anstalt und Deutscher Taschenbuch Verlag) 1999, Band V, S. 267–272.
Copyright © 1955 by Erich Fromm.
Übersetzung aus dem Amerikanischen von Carola Dietlmeier, überarbeitet von Rainer Funk.

DIE ETHISCHE FRAGE HEUTE wurde einem Beitrag entnommen, den Erich Fromm erstmals unter dem Titel „Medicine and the Ethical Problem of Modern Man" in seinem Buch *The Dogma of Christ and Other Essays on Religion, Psychology and Culture*, New York (Holt, Rinehart and Winston) 1963, veröffentlichte. Eine erste deutsche Übersetzung brachte der Szczesny Verlag, München, 1965 heraus unter dem Titel *Die Medizin und das ethische Problem des Menschen* in dem Sammelband: E. Fromm, *Das Christusdogma und andere Essays*.

Der hier abgedruckte Text folgt der überarbeiteten Übersetzung in der *Erich Fromm Gesamtausgabe in zwölf Bänden*, München (Deutsche Verlags-Anstalt und Deutscher Taschenbuch Verlag) 1999, Band IX, S. 355–365, passim. – Der Unterabschnitt VERDINGLICHUNG UND ENTFREMDUNG wurde dem 1959 entstandenen Beitrag „Freedom in the Work Situation" entnommen, der hier erstmals deutsch veröffentlicht wird. Das englische Original diente als Einführung in das Buch *Labor in a Free Society*, hg. von Michael Harrington und Paul Jacobs, Berkeley und Los Angeles (University of California Press) 1959, S. 1–16. Die gesamte Übersetzung des Beitrags „Freiheit in der Arbeitswelt" ist in *Fromm Forum* Nr. 7, 2003 (deutsche Ausgabe, Tübingen, Selbstverlag) abgedruckt.
Copyright © 1959 und 1963 by Erich Fromm.
Übersetzung aus dem Amerikanischen von Carola Dietlmeier, überarbeitet von Rainer Funk; Übersetzung des Unterabschnitts „Verdinglichung und Entfremdung" aus dem Amerikanischen von Rainer Funk.

DER MENSCH IST KEIN DING! ist die Übersetzung des Beitrags „Man – Who Is He Really?" aus dem Jahr 1979, den Fromm für den von Kardinal König aus Wien organisierten Kongress „Nova spes" geschrieben hat. In deutscher Sprache wurde er erstmals unter dem Titel „Wer ist der Mensch?" veröffentlicht in E. Fromm, *Über die Liebe zum Leben. Rundfunksendungen*, hg. von Hans Jürgen Schultz, Stuttgart (Deutsche Verlags-Anstalt) 1983, S. 170–179. Der hier wiedergegebene Text folgt der verbesserten Übersetzung der *Erich Fromm Gesamtausgabe in zwölf Bänden*, München (Deutsche

Verlags-Anstalt und Deutscher Taschenbuch Verlag) 1999, Band XI, S. 601–607.
Copyright © 1979 by Erich Fromm.
Übersetzung aus dem Amerikanischen von Marianne Koch, überarbeitet von Rainer Funk.

GRENZEN PSYCHOLOGISCHER ERKENNTNIS ist die Teilwiedergabe eines Beitrags, den Erich Fromm erstmals unter dem Titel „Man Is Not a Thing" in *Saturday Review*, New York, Jahrgang 40 (16.3.1957), S. 9–11, dann in leicht veränderter Fassung unter dem Titel „On the Limitations and Dangers of Psychology" in W. Leibrecht (Hg.), *Religion and Culture. Essays in Honor of Paul Tillich*, New York (Harper and Bros.) 1959, und in E. Fromm, *The Dogma of Christ and Other Essays*, New York (Holt, Rinehart and Winston) 1963, veröffentlicht hat. Deutsch erschien der Beitrag erstmals unter dem Titel „Über die Grenzen und Gefahren der Psychologie" in E. Fromm, *Das Christusdogma und andere Essays*, München (Szczesny Verlag) 1965. Der hier abgedruckte Text folgt der überarbeiteten Übersetzung in *Erich Fromm Gesamtausgabe in zwölf Bänden*, München (Deutsche Verlags-Anstalt und Deutscher Taschenbuch Verlag) 1999, Band VIII, S. 22–26.
Copyright © 1957 by Erich Fromm.
Übersetzung aus dem Amerikanischen von Carola Dietlmeier, überarbeitet von Rainer Funk.

Die Beiträge SELBSTSUCHT UND NÄCHSTENLIEBE IM DENKEN DER NEUZEIT; HASS UND SELBTSHASS; LIEBE ALS LEIDENSCHAFTLICHE BEJAHUNG; SELBSTLIEBE UND SELBSTSUCHT wurden erstmals von Fromm in dem Bei-

trag „Selfishness and Self-Love“ in *Psychiatry. Journal for the Study of Interpersonal Process*, Washington: The William Alanson Psychiatric Foundation, Jahrgang 2, 1939, S. 507–523, veröffentlicht. In deutscher Übersetzung wurde er erstmals unter dem Titel „Selbstsucht und Selbstliebe“ in E. Fromm, *Liebe, Sexualität und Matriarchat. Beiträge zur Geschlechterfrage*, München (Deutscher Taschenbuch Verlag) 1994, S. 177–210, veröffentlicht. Dieser Fassung folgt der hier abgedruckte Text.
Copyright © 1939 by Erich Fromm.
Übersetzung aus dem Amerikanischen von Rainer Funk.

Liebe angesichts der Geschlechterfrage wurde erstmals unter dem Titel „Man – Woman“ in M. M. Hughes (Hg.), *The People in Your Life. Psychiatry and Personal Relations*, New York (Alfred A. Knopf) 1951, S. 3–27, veröffentlicht; die deutsche Übersetzung folgt der Fassung der *Erich Fromm Gesamtausgabe in zwölf Bänden*, München (Deutsche Verlags-Anstalt und Deutscher Taschenbuch Verlag) 1999, Band VIII, S. 387–400.
Copyright © 1951 by Erich Fromm.
Übersetzung aus dem Amerikanischen von Liselotte und Ernst Mickel.

Der Narzissmus als Gegenpol der Liebe ist dem Abschnitt „Der Narzißmus“ in E. Fromm, *Sigmund Freuds Psychoanalyse – Größe und Grenzen*, Stuttgart (Deutsche Verlags-Anstalt) 1979, entnommen; der amerikanische Originaltitel lautet *Greatness and Limitations of Freud's Thought,* erschienen bei Harper & Row, New York 1980. Die deutsche Übersetzung folgt der Fassung der

Erich Fromm Gesamtausgabe in zwölf Bänden, München (Deutsche Verlags-Anstalt und Deutscher Taschenbuch Verlag) 1999, Band VIII, S. 302–308.
Copyright © 1979 by Erich Fromm.
Übersetzung aus dem Amerikanischen von Liselotte und Ernst Mickel.

Literaturverzeichnis:

Babel, I., 1955: *The Collected Stories,* New York 1955 (Criterion Book); deutsch: *Zwei Welten. Die Geschichten des Isaak Babel,* 46 Erzählungen, Wien 1960 (Desch Verlag).

Calvin, J., 1955: *Unterricht in der christlichen Religion. Institutio Christianae Religionis.* Übersetzt und bearbeitet von Otto Weber. Neukirchen: 1955 (Verlag der Buchhandlung des Erziehungsvereins).

Freud, S., 1914c: *Zur Einführung des Narzißmus,* in: *Gesammelte Werke* (G. W.) Bände 1–17, London 1940–1952 (Imago Publishing Co.) und Frankfurt 1960 (S. Fischer Verlag), Band 10, S. 137–170.

Fromm, E.: *Gesamtausgabe in zwölf Bänden* (GA), hg. von Rainer Funk. Stuttgart (Deutsche Verlags-Anstalt) und München (Deutscher Taschenbuch Verlag) 1999:

– 1932a: „Über Methode und Aufgabe einer Analytischen Sozialpsychologie. Bemerkungen über Psychoanalyse und historischen Materialismus", in: *Zeitschrift für Sozialforschung.* Leipzig 1/1932, S. 28–54; GA I, S. 37–57.

– 1936a: „Sozialpsychologischer Teil", in: M. Horkheimer (Hg.), Schriften des Instituts für Sozialforschung, Band V: *Studien über Autorität und Familie. Forschungsberichte aus dem Institut für Sozialforschung,* Paris 1936, (Félix Alcan), S. 77–135; GA I, S. 139–187.

– 1941a: *Die Furcht vor der Freiheit* (Escape from Freedom), GA I, S. 215–392.
– 1947a: *Psychoanalyse und Ethik. Bausteine zu einer humanistischen Charakterologie* (Man for Himself), GA II, S. 1–157.
– 1964a: *Die Seele des Menschen. Ihre Fähigkeit zum Guten und zum Bösen* (The Heart of Man, Its Genius for Good and Evil), GA II, S. 159–268.
– 1976a: *Haben oder Sein. Die seelischen Grundlagen einer neuen Gesellschaft* (To Have Or to Be?), GA II, S. 269–414.

Huxley, A., 1946: *Brave New* World, London 1946 (The Vanguard Library); deutsch: *Schöne neue Welt,* Frankfurt/Hamburg 1955 (S. Fischer Verlag).

James, W., 1893: *Principles of Psychology.* 2 Bände, New York 1893 (Holt).

Meister Eckhart, 1934: *Schriften,* hg. von Herman Büttner, Jena 1934 (Eugen Diederichs Verlag).

Nietzsche, F., 1911: *Ecce Homo,* in: *Nietzsches Werke,* 2. Abteilung, Band XV, Leipzig 1911 (A. Kröner Verlag).

Peale, N. V., 1952: *The Power of Positive Thinking,* New York 1952 (Prentice Hall); deutsch: *Die Kraft positiven Denkens,* Thalwil (Schweiz) 1. Auflage 1952, 17. Auflage 1974 (Emil Ösch Verlag).

Robeson (Brown), A., 1927: *The Portrait of a Banker: James Stillmann.* New York 1927 (Duffield).

Weber, M., 1920: *Die protestantische Ethik und der Geist des Kapitalismus,* in: *Gesammelte Aufsätze zur Religionssoziologie,* Band 1. Tübingen 1920 (J. C. B. Mohr), S. 17–206.

Der große Denker unserer Zeit in Bildern

Erich Fromm
Liebe zum Leben
hrsg. von Rainer Funk
176 Seiten
€ 29,80
ISBN 3-421-05279-4

Die von Rainer Funk einfühlsam zusammengestellte Bildbiographie gibt einen umfassenden Einblick in das Lebenswerk Erich Fromms.

DVA
www.dva-buch.de

Leben ist mehr

Erich Fromm
Die Kunst des Lebens
Zwischen Haben und Sein
Band 4917
Ein lebenspraktisches Buch über die Kunst, tiefer zu leben.

Erich Fromm
Authentisch leben
Hg. von Rainer Funk
Band 4839
Wissen, was die eigene Person ausmacht, sich nicht von außen leiten lassen, sondern das Leben bewusst aus eigenen Quellen gestalten.

Ayya Khema
Was du suchst, ist in deinem Herzen
Der Weg zur inneren Klarheit
Band 5129
Aus einem aufregenden Leben kam Ayya Khema zur Erkenntnis: „Alles hat seinen Anfang in unserem Herzen." Meditationen und Einsichten.

Krishnamurti
Liebe gleicht dem Duft der Rose
Band 5039
Ein Buch über Liebe, Freiheit und die Überwindung von Angst – voller Poesie und Weisheit, voller Visionen und Erkenntnis.

Anton Lichtenauer
Hol dir einen Stern vom Himmel
Lebenskunst für hier und jetzt
Band 7021
In dir selber ist der Stern des Glücks. Genießen und sich an den kleinen Dingen freuen – das ist Lebenskunst.

HERDER spektrum